Titel: Geld verdienen im Internet: Der ultimative Leitfaden zum Online-Einkommen in 50 Kapiteln

Einleitung

1. **Willkommen in der digitalen Welt des Geldverdienens**
   - Überblick über die Möglichkeiten
   - Zielsetzung und Erwartungen

Teil 1: Grundlagen und Vorbereitungen

2. **Grundlegende Prinzipien des Online-Geldverdienens**
   - Wichtige Konzepte und Begriffe

3. **Benötigte Ausrüstung und Tools**
   - Hardware, Software und Internetverbindung

4. **Persönliche und finanzielle Ziele setzen**
   - Zielorientierte Planung

5. **Rechtliche und steuerliche Grundlagen**
   - Gewerbeanmeldung, Steuern und rechtliche Aspekte

Teil 2: Einkommen durch eigene Produkte und Dienstleistungen

6. **Freelancing: Dienstleistungen online anbieten**
   - Plattformen und erste Schritte

7. **E-Commerce: Eigene Produkte online verkaufen**
   - Shopsysteme und Marktplätze

8. **Dropshipping: Produkte ohne Lager verkaufen**
    - Geschäftsmodell und Implementierung

9. **Print-on-Demand: Personalisierte Produkte erstellen**
    - Partner und Plattformen

10. **Digitale Produkte erstellen und verkaufen**
    - E-Books, Kurse und Software

Teil 3: Passives Einkommen und Affiliate-Marketing

11. **Einführung in passives Einkommen**
    - Was ist passives Einkommen?

12. **Affiliate-Marketing: Provisionen durch Empfehlungen**
    - Netzwerke und Strategien

13. **Nischenwebsites erstellen**
    - Recherche und Aufbau

14. **E-Mail-Marketing für Affiliates**
    - Aufbau und Pflege von Listen

15. **Content-Marketing und SEO**
    - Inhalte erstellen und optimieren

Teil 4: Einnahmen durch Content Creation

16. **Blogging: Geld verdienen mit einem Blog**
    - Monetarisierung und Traffic-Strategien

17. **YouTube: Einnahmen durch Videos**

    o   Monetarisierung und Wachstum

18. **Podcasting: Einnahmen durch Audio-Inhalte**

    o   Sponsoring und Hörerbasis

19. **Social Media: Einnahmen durch Influencer-Marketing**

    o   Plattformen und Kooperationen

20. **Fotografie und Videografie verkaufen**

    o   Stockfotos und Videomarktplätze

Teil 5: Spezialisierte Online-Geschäftsmodelle

21. **Coaching und Beratung online anbieten**

    o   Plattformen und Marketing

22. **Mit Online-Kursen Geld verdienen**

    o   Kursentwicklung und Verkauf

23. **Mitgliederseiten und Abonnementmodelle**

    o   Aufbau und Pflege

24. **Geld verdienen mit Apps und Software**

    o   Entwicklung und Monetarisierung

25. **Virtual Assistant und Remote Work**

    o   Dienstleistungen und Plattformen

Teil 6: Investitionen und Finanzmanagement

26. Einführung in Online-Investitionen

- Aktien, ETFs und Krypto

27. Crowdfunding und Peer-to-Peer Lending

- Plattformen und Risiken
-

Im 2. Teil des Buches erwarten Sie weitere spannende Themen :

:

26. Immobilieninvestitionen über Online-Plattformen

- Strategien und Möglichkeiten

27. Passives Einkommen durch Dividendenaktien

- Auswahl und Management

28. Finanzplanung und Budgetierung

- Tools und Techniken

Teil 7: Erweiterte Strategien und Skalierung

31. Skalierung eines Online-Geschäfts

- Prozesse und Automatisierung

32. Virtuelle Teams aufbauen und führen

- Rekrutierung und Management

33. Outsourcing von Aufgaben

- Plattformen und Strategien

34. Internationalisierung und globale Märkte

- Chancen und Herausforderungen

35. Franchising und Lizenzierung

- Modelle und Implementierung

Teil 8: Marketing und Traffic-Strategien

36. Einführung in Online-Marketing

- Grundlegende Konzepte

37. Suchmaschinenoptimierung (SEO)

- Techniken und Best Practices

38. Suchmaschinenwerbung (SEA)

- Google Ads und Co.

39. Social Media Marketing

- Plattformen und Strategien

40. Content-Marketing und Storytelling

- Engagement und Conversion

Teil 9: Technische Aspekte und Sicherheit

41. Webentwicklung und Hosting

- Plattformen und Provider

42. Cybersecurity für Online-Unternehmen

- Schutzmaßnahmen und Best Practices

43. Datenschutz und DSGVO

- Rechtliche Anforderungen

44. Optimierung der Website-Performance

- Tools und Techniken

45. Nutzung von Analytics und Datenanalyse

- Tracking und Auswertung

Teil 10: Zukunftstrends und Innovationen

46. Künstliche Intelligenz und Automatisierung

- Anwendungen und Möglichkeiten

47. Blockchain und Kryptowährungen

- Chancen und Risiken

48. Virtuelle und erweiterte Realität

- Potenziale für Online-Geschäfte

49. Nachhaltigkeit und soziale Verantwortung

- Trends und Implementierung

50. Zukunft des Online-Geldverdienens

- Prognosen und Visionen

Überblick über die Möglichkeiten des Geldverdienens im Internet

Das Internet hat die Art und Weise, wie wir arbeiten und Geld verdienen, revolutioniert. Die digitale Welt bietet eine Vielzahl von Möglichkeiten, um online ein Einkommen zu erzielen. Diese reichen von der Bereitstellung eigener Produkte und Dienstleistungen über das Affiliate-Marketing bis hin zu passiven Einkommensquellen und spezialisierten Geschäftsfeldern. In diesem Überblick werden die wichtigsten Methoden und Strategien vorgestellt, um im Internet Geld zu verdienen.

1. Freelancing: Dienstleistungen online anbieten

Freelancing ist eine der beliebtesten Möglichkeiten, online Geld zu verdienen. Hierbei bieten Einzelpersonen ihre Fähigkeiten und Dienstleistungen auf Plattformen wie Upwork, Freelancer und Fiverr an. Die Bandbreite der angebotenen Dienstleistungen ist enorm und umfasst unter anderem:

- **Webentwicklung und Programmierung**: Erstellung und Wartung von Websites, Softwareentwicklung.

- **Grafikdesign**: Logo-Design, Illustrationen, Branding-Materialien.

- **Schreiben und Übersetzen**: Blogbeiträge, technische Dokumentationen, Übersetzungsdienste.

- **Marketing**: Social Media Management, SEO, Content-Marketing.

Freelancer haben die Flexibilität, ihre Arbeitszeit und Projekte selbst zu wählen, was ihnen die Freiheit gibt, von überall auf der Welt zu arbeiten.

2. E-Commerce: Eigene Produkte online verkaufen

E-Commerce ist eine weitere lukrative Möglichkeit, Geld im Internet zu verdienen. Durch den Verkauf physischer Produkte über Online-Shops wie Shopify, Etsy oder Amazon können Einzelpersonen und Unternehmen ein breites Publikum erreichen. Wichtige Schritte im E-Commerce umfassen:

- **Produktauswahl**: Auswahl der richtigen Produkte, die Nachfrage und ein Marktpotenzial haben.

- **Shoperstellung**: Einrichtung eines Online-Shops mit ansprechendem Design und einfacher Navigation.

- **Marketing und Werbung**: Nutzung von Social Media, SEO und bezahlten Werbeanzeigen, um Traffic zu generieren.

Ein erfolgreiches E-Commerce-Geschäft erfordert eine gute Marktanalyse, effektives Marketing und exzellenten Kundenservice.

3. Dropshipping: Produkte ohne Lager verkaufen

Dropshipping ist ein E-Commerce-Modell, bei dem der Verkäufer keine physischen Bestände hält. Stattdessen arbeitet er mit Lieferanten zusammen, die die Produkte direkt an den Kunden versenden. Dies reduziert das finanzielle Risiko und die Lagerkosten erheblich. Schritte zum Einstieg in Dropshipping:

- **Marktanalyse**: Finden einer profitablen Nische.

- **Lieferantensuche**: Auswahl zuverlässiger Lieferanten, z.B. über Plattformen wie AliExpress.

- **Shop-Integration**: Einrichten eines Online-Shops und Integration von Lieferantenprodukten.

Der Erfolg im Dropshipping hängt stark von der Auswahl der richtigen Nische und der Qualität der Lieferanten ab.

4. Print-on-Demand: Personalisierte Produkte erstellen

Print-on-Demand (POD) ermöglicht es, Produkte wie T-Shirts, Tassen und Poster individuell zu gestalten und nur bei Bestellung zu drucken. Plattformen wie Printful und Teespring bieten einfache Integrationen für Online-Shops. Vorteile von POD:

- **Keine Lagerhaltung**: Produkte werden erst bei Bestellung gedruckt und versendet.

- **Kreative Freiheit**: Gestaltung eigener Designs und Produkte.

- **Geringes Risiko**: Keine Vorabinvestitionen in Lagerbestände.

POD ist ideal für Kreative, die ihre Designs ohne großen finanziellen Aufwand verkaufen möchten.

5. Digitale Produkte erstellen und verkaufen

Der Verkauf digitaler Produkte ist eine attraktive Möglichkeit, passives Einkommen zu generieren. Digitale Produkte umfassen E-Books, Online-Kurse, Software und Musik. Vorteile digitaler Produkte:

- **Keine Produktionskosten**: Einmal erstellt, können digitale Produkte unbegrenzt oft verkauft werden.

- **Skalierbarkeit**: Beliebig viele Verkäufe ohne zusätzliche Kosten.

- **Automatisierung**: Verkauf und Lieferung können vollständig automatisiert werden.

Plattformen wie Gumroad, Teachable und Udemy erleichtern den Verkauf digitaler Produkte und bieten integrierte Zahlungslösungen.

6. Affiliate-Marketing: Provisionen durch Empfehlungen

Affiliate-Marketing ist eine Methode, bei der man für die Bewerbung von Produkten oder Dienstleistungen Dritter eine Provision erhält. Affiliates nutzen Blogs, Websites, Social Media und E-Mail-Listen, um Produkte zu bewerben. Schritte im Affiliate-Marketing:

- **Nischenfindung**: Auswahl einer profitablen Nische.

- **Partnerprogramme**: Teilnahme an Affiliate-Netzwerken wie Amazon Associates, ClickBank oder ShareASale.

- **Content-Erstellung**: Erstellung von Inhalten, die die beworbenen Produkte einbinden.

Affiliate-Marketing erfordert eine gezielte Content-Strategie und kontinuierliche Optimierung zur Maximierung der Einnahmen.

7. Blogging: Geld verdienen mit einem Blog

Blogging ist eine der traditionelleren Methoden, online Geld zu verdienen. Blogger verdienen Geld durch Werbeeinnahmen, gesponserte Beiträge, Affiliate-Marketing und den Verkauf eigener Produkte. Schritte zum erfolgreichen Bloggen:

- **Nischenwahl**: Auswahl eines interessanten und profitablen Themas.

- **Content-Erstellung**: Regelmäßige Veröffentlichung hochwertiger Inhalte.

- **Monetarisierung**: Einbindung von Anzeigen, Affiliate-Links und gesponserten Beiträgen.

Ein erfolgreicher Blog erfordert Zeit und Engagement, um eine treue Leserschaft aufzubauen.

8. YouTube: Einnahmen durch Videos

YouTube bietet eine Plattform, auf der Content-Ersteller durch Werbeeinnahmen, Sponsoren und Merchandising Geld verdienen können. Schritte zum Erfolg auf YouTube:

- **Nischenwahl**: Auswahl eines interessanten Themas.

- **Content-Erstellung**: Regelmäßige Produktion hochwertiger Videos.

- **Monetarisierung**: Aktivierung der YouTube-Partnerprogramm-Funktion für Werbeeinnahmen.

Ein erfolgreicher YouTube-Kanal erfordert Kreativität und kontinuierliche Content-Erstellung.

9. Podcasting: Einnahmen durch Audio-Inhalte

Podcasts haben in den letzten Jahren enorm an Popularität gewonnen. Podcaster verdienen Geld durch Sponsoren, Werbeeinnahmen und Abonnements. Schritte zum Start eines Podcasts:

- **Themenwahl**: Auswahl eines interessanten und relevanten Themas.

- **Aufnahme und Bearbeitung**: Erstellung hochwertiger Audio-Inhalte.

- **Veröffentlichung**: Nutzung von Plattformen wie Spotify, Apple Podcasts und Stitcher.

Podcasts erfordern eine gute Audioqualität und interessante Inhalte, um eine treue Hörerschaft aufzubauen.

10. Social Media: Einnahmen durch Influencer-Marketing

Social Media Plattformen wie Instagram, TikTok und Facebook bieten Influencern die Möglichkeit, durch gesponserte Beiträge, Affiliate-Marketing und den Verkauf eigener Produkte Geld zu verdienen. Schritte zum Aufbau eines Influencer-Profils:

- **Plattformwahl**: Auswahl der passenden Social Media Plattform.

- **Content-Erstellung**: Regelmäßige Veröffentlichung ansprechender Inhalte.

- **Zusammenarbeit**: Partnerschaften mit Marken und Unternehmen eingehen.

Influencer-Marketing erfordert Authentizität und Engagement, um eine loyale Follower-Basis zu gewinnen.

11. Fotografie und Videografie verkaufen

Professionelle und Hobby-Fotografen können ihre Werke auf Stockfoto-Plattformen wie Shutterstock, Adobe Stock und Getty Images verkaufen. Videografen können ihre Videos auf Plattformen wie Pond5 und VideoHive anbieten. Schritte zum Verkauf von Fotos und Videos:

- **Portfolio-Erstellung**: Aufbau eines umfangreichen Portfolios.

- **Plattformwahl**: Anmeldung bei mehreren Stockfoto-Plattformen.

- **Upload und Vermarktung**: Regelmäßiger Upload neuer Inhalte und Nutzung von Keywords zur Verbesserung der Sichtbarkeit.

Erfolgreiche Fotografen und Videografen bieten qualitativ hochwertige und vielfältige Inhalte an.

12. Coaching und Beratung online anbieten

Fachleute können ihre Expertise durch Online-Coaching und Beratungsdienste monetarisieren. Plattformen wie Coach.me und Clarity.fm erleichtern den Einstieg. Schritte zum Start eines Coaching-Geschäfts:

- **Nischenwahl**: Auswahl eines Fachgebiets.
- **Plattformwahl**: Nutzung von Coaching-Plattformen oder eigene Website.
- **Marketing**: Aufbau einer Online-Präsenz und Kundenakquise.

Online-Coaching erfordert Fachwissen und die Fähigkeit, anderen zu helfen, ihre Ziele zu erreichen.

13. Online-Kurse erstellen und verkaufen

Der Markt für Online-Kurse boomt. Plattformen wie Udemy, Coursera und Teachable ermöglichen es, eigene Kurse zu erstellen und zu verkaufen. Schritte zum Erstellen eines Online-Kurses:

- **Themenwahl**: Auswahl eines Themas mit hoher Nachfrage.
- **Kursentwicklung**: Erstellung von Lektionen und Materialien.
- **Vermarktung**: Nutzung von SEO, Social Media und E-Mail-Marketing zur Bewerbung des Kurses.

Ein erfolgreicher Online-Kurs bietet wertvollen Inhalt und interaktive Elemente.

14. Mitgliederseiten und Abonnementmodelle

Mitgliederseiten bieten exklusiven Inhalt gegen eine monatliche Gebühr. Plattformen wie Patreon und MemberPress erleichtern die

Verwaltung von Abonnements. Schritte zur Erstellung einer Mitgliederseite:

- **Content-Erstellung**: Regelmäßige Bereitstellung von exklusivem Inhalt.
- **Plattformwahl**: Auswahl der passenden Plattform.
- **Marketing**: Gewinnung und Bindung von Abonnenten.

Mitgliederseiten erfordern konsistente Qualität und Mehrwert für die Abonnenten.

15. Geld verdienen mit Apps und Software

Entwickler können durch den Verkauf von Apps und Software Geld verdienen. Plattformen wie Google Play und Apple App Store bieten den Zugang zu Millionen potenzieller Nutzer. Schritte zum Erfolg:

- **Ideenfindung**: Entwicklung einer nützlichen oder unterhaltsamen App.
- **Entwicklung**: Programmierung und Testen der App.
- **Marketing**: Nutzung von ASO (App Store Optimization) und Werbekampagnen.

Eine erfolgreiche App erfordert Innovation und Benutzerfreundlichkeit.

Fazit

Die Möglichkeiten, im Internet Geld zu verdienen, sind vielfältig und bieten für fast jeden Interessierten eine passende Option. Ob durch Dienstleistungen, den Verkauf von Produkten, Content-Erstellung oder spezialisierte Geschäftsmodelle – der Schlüssel zum Erfolg liegt in der Wahl der richtigen Nische, kontinuierlicher Optimierung und dem Einsatz effektiver Marketingstrategien. Mit der richtigen Herangehensweise und Engagement kann jeder von den zahlreichen Chancen profitieren, die das Internet bietet.

Zielsetzung und Erwartungen beim Geldverdienen im Internet

Das Geldverdienen im Internet bietet enorme Möglichkeiten, birgt jedoch auch Herausforderungen. Eine klare Zielsetzung und realistische Erwartungen sind entscheidend, um langfristigen Erfolg zu gewährleisten. Dieser Abschnitt beleuchtet, wie man effektive Ziele setzt, welche Erwartungen realistisch sind und welche Strategien helfen, diese Ziele zu erreichen.

1. Die Bedeutung klarer Ziele

Warum Ziele wichtig sind:
Klare Ziele bieten eine Richtung und helfen, den Fokus zu bewahren. Sie ermöglichen es, Fortschritte zu messen und motivieren, dranzubleiben, auch wenn es schwierig wird.

SMART-Ziele:
Eine bewährte Methode zur Zielsetzung ist das SMART-Prinzip. SMART steht für:

- **Spezifisch (Specific):** Ziele sollten klar und präzise sein. Anstatt „Ich möchte mehr Geld verdienen", sollte das Ziel „Ich möchte monatlich 1000 Euro durch Freelancing verdienen" lauten.

- **Messbar (Measurable):** Es sollte möglich sein, den Fortschritt zu messen. Messbare Ziele helfen, Erfolge zu feiern und Bereiche zu identifizieren, die verbessert werden müssen.

- **Erreichbar (Achievable):** Ziele sollten realistisch und erreichbar sein. Unrealistische Ziele können zu Frustration führen.

- **Relevant (Relevant):** Ziele sollten relevant und im Einklang mit den langfristigen Plänen stehen.

- **Zeitgebunden (Time-bound):** Es sollte ein Zeitrahmen festgelegt werden, um die Zielerreichung zu planen und zu verfolgen.

2. Realistische Erwartungen setzen

Einstiegsbarrieren und Lernkurven:
Das Geldverdienen im Internet erfordert oft spezifische Kenntnisse und Fähigkeiten. Ob es sich um E-Commerce, Blogging oder Freelancing handelt, jeder Bereich hat seine eigene Lernkurve. Anfänger sollten bereit sein, Zeit und Mühe in das Erlernen neuer Fähigkeiten zu investieren.

Anfangserträge:
Die meisten Methoden, um online Geld zu verdienen, bieten nicht sofort hohe Erträge. Es ist wichtig zu verstehen, dass es Zeit braucht, eine Einnahmequelle aufzubauen. Anfängliche Einkünfte können gering sein, aber mit kontinuierlicher Arbeit und Optimierung steigen die Einnahmen.

Arbeitsaufwand und Engagement:
Online-Einkommen erfordert oft viel Engagement und harte Arbeit, besonders in den Anfangsphasen. Es ist nicht ungewöhnlich, dass man anfangs mehr Zeit investieren muss, um den gewünschten Erfolg zu erzielen.

3. Zielorientierte Planung

Langfristige und kurzfristige Ziele:
Langfristige Ziele geben eine Vision vor, während kurzfristige Ziele helfen, auf dem Weg dorthin kleine Erfolge zu feiern. Zum Beispiel

könnte ein langfristiges Ziel sein, innerhalb von fünf Jahren ein monatliches Einkommen von 5000 Euro zu erzielen, während kurzfristige Ziele kleinere Schritte auf diesem Weg definieren, wie das Erreichen von 500 Euro monatlich innerhalb der ersten sechs Monate.

Meilensteine und Teilziele:
Das Setzen von Meilensteinen und Teilzielen kann den Weg zu größeren Zielen erleichtern. Diese kleineren Etappen machen den Fortschritt sichtbar und ermöglichen Anpassungen der Strategie, wenn notwendig.

4. Strategien zur Zielerreichung

Bildung und Weiterbildung:
Ständige Weiterbildung ist entscheidend. Das Internet und Technologien entwickeln sich ständig weiter. Um konkurrenzfähig zu bleiben, sollten regelmäßig neue Fähigkeiten erlernt und bestehende Kenntnisse vertieft werden.

Netzwerken und Kooperationen:
Das Netzwerken mit anderen Fachleuten und die Zusammenarbeit können wertvolle Chancen bieten. Dies kann durch soziale Medien, Foren, Webinare und Konferenzen erreicht werden. Kooperationen können zudem helfen, die eigene Reichweite zu erhöhen und neue Märkte zu erschließen.

Effektives Zeitmanagement:
Zeitmanagement ist entscheidend für den Erfolg. Das Priorisieren von Aufgaben, das Setzen von Deadlines und die Nutzung von Tools zur Zeitverwaltung können helfen, effizient zu arbeiten und Burnout zu vermeiden.

Analyse und Anpassung:
Regelmäßige Überprüfung der Fortschritte und Anpassung der Strategien ist unerlässlich. Tools wie Google Analytics für Websites oder Verkaufsberichte für E-Commerce können wertvolle Einblicke bieten. Diese Daten helfen, Stärken und Schwächen zu identifizieren und die Strategie entsprechend anzupassen.

5. Umgang mit Herausforderungen

Motivationsverlust und Durchhaltevermögen:
Es ist normal, dass die Motivation schwankt. Wichtig ist, sich daran zu erinnern, warum man angefangen hat und sich auf die langfristigen Ziele zu konzentrieren. Durchhaltevermögen ist eine der wichtigsten Eigenschaften, um langfristigen Erfolg zu sichern.

Rückschläge und Fehler:
Fehler und Rückschläge sind unvermeidlich. Sie bieten jedoch auch wertvolle Lernerfahrungen. Statt sich entmutigen zu lassen, sollte man aus Fehlern lernen und sie als Chancen zur Verbesserung nutzen.

Konkurrenz und Marktentwicklung:
Der Wettbewerb im Internet ist intensiv. Es ist wichtig, die Konkurrenz im Auge zu behalten und sich ständig weiterzuentwickeln. Innovation und Anpassung an Marktveränderungen sind entscheidend, um relevant zu bleiben.

6. Beispiele für Zielsetzung in verschiedenen Online-Geschäftsmodellen

Freelancing:
Ein Freelancer könnte sich das Ziel setzen, innerhalb von sechs Monaten fünf Stammkunden zu gewinnen und seinen Stundenlohn von 20 Euro auf 30 Euro zu erhöhen.

E-Commerce:
Ein E-Commerce-Unternehmer könnte sich das Ziel setzen, innerhalb des ersten Jahres 1000 Bestellungen zu generieren und eine Rücklaufquote von unter 5% zu erreichen.

Blogging:
Ein Blogger könnte sich das Ziel setzen, innerhalb eines Jahres 10000 monatliche Besucher zu erreichen und durch Affiliate-Marketing monatlich 500 Euro zu verdienen.

YouTube:
Ein YouTuber könnte sich das Ziel setzen, innerhalb von zwei Jahren 100000 Abonnenten zu gewinnen und durch Werbeeinnahmen und Sponsoren monatlich 2000 Euro zu verdienen.

Online-Kurse:
Ein Kursanbieter könnte sich das Ziel setzen, innerhalb eines Jahres 1000 Kurse zu verkaufen und eine durchschnittliche Bewertung von 4,5 Sternen zu erreichen.

7. Praktische Tipps zur Umsetzung der Ziele

Kleine Schritte und Konsistenz:
Große Ziele werden durch kleine, konsequente Schritte erreicht. Tägliche oder wöchentliche Aufgaben, die auf das langfristige Ziel hinarbeiten, sind entscheidend.

Routinen und Disziplin:
Eine feste Arbeitsroutine und Disziplin helfen, kontinuierlich Fortschritte zu machen. Regelmäßige Arbeitszeiten und feste Pausen sind dabei hilfreich.

Selbstreflexion und Feedback:
Regelmäßige Selbstreflexion und das Einholen von Feedback helfen, blinde Flecken zu erkennen und kontinuierlich zu verbessern. Dies kann durch Selbstbewertung, Mentoring oder Peer-Feedback erfolgen.

Belohnung und Anerkennung:
Das Feiern von kleinen Erfolgen und das Anerkennen von Fortschritten sind wichtig, um motiviert zu bleiben. Belohnungen können ein starkes Motivationsinstrument sein.

8. Zusammenfassung und Ausblick

Das Setzen von klaren Zielen und das Haben realistischer Erwartungen sind grundlegend für den Erfolg beim Geldverdienen im Internet. Durch die Anwendung bewährter Strategien und das kontinuierliche Arbeiten an der eigenen Entwicklung können langfristige Ziele erreicht werden. Wichtig ist es, sich auf den Weg zu konzentrieren, Geduld zu haben und aus Rückschlägen zu lernen. Mit der richtigen Herangehensweise und der Bereitschaft, sich anzupassen und zu wachsen, stehen die Chancen gut, im digitalen Raum erfolgreich zu sein.

Wichtige Konzepte und Begriffe beim Geldverdienen im Internet

Das Verständnis der grundlegenden Konzepte und Begriffe ist unerlässlich, um erfolgreich im Internet Geld zu verdienen. Dieser Abschnitt gibt einen umfassenden Überblick über die wichtigsten Konzepte und Begriffe, die jeder kennen sollte, der online Einkommen generieren möchte. Dazu gehören Geschäftsmodelle, Marketingstrategien, technische Begriffe und rechtliche Aspekte.

1. Geschäftsmodelle

Freelancing:
Freelancing bezieht sich auf die Erbringung von Dienstleistungen auf Vertragsbasis, ohne an einen festen Arbeitgeber gebunden zu sein. Freelancer bieten ihre Fähigkeiten auf Plattformen wie Upwork, Freelancer und Fiverr an. Häufig nachgefragte Dienstleistungen sind Webentwicklung, Grafikdesign, Schreib- und Übersetzungsarbeiten sowie digitales Marketing.

E-Commerce:
E-Commerce steht für den elektronischen Handel und bezeichnet den Kauf und Verkauf von Waren und Dienstleistungen über das Internet. Erfolgreiche E-Commerce-Plattformen sind Amazon, eBay und Shopify. E-Commerce-Unternehmer müssen sich mit Produktbeschaffung, Lagerhaltung, Bestellabwicklung und Kundenservice auseinandersetzen.

Dropshipping:
Dropshipping ist ein Geschäftsmodell, bei dem der Verkäufer keine

physischen Bestände hält. Stattdessen leitet er Bestellungen an einen Drittanbieter weiter, der die Produkte direkt an den Kunden versendet. Dies reduziert die Anfangsinvestitionen und Lagerkosten erheblich.

Affiliate-Marketing:
Affiliate-Marketing ist eine Methode, bei der eine Person oder ein Unternehmen für die Vermittlung von Kunden oder Verkäufen eine Provision erhält. Affiliates bewerben Produkte oder Dienstleistungen über spezielle Links und verdienen eine Provision, wenn ein Nutzer über diesen Link einen Kauf tätigt. Bekannte Affiliate-Netzwerke sind Amazon Associates, ClickBank und ShareASale.

Print-on-Demand (POD):
Print-on-Demand ermöglicht es, personalisierte Produkte wie T-Shirts, Tassen und Poster zu gestalten und nur bei Bestellung zu drucken. Dies reduziert das Risiko von Überbeständen und Lagerkosten. Beliebte Print-on-Demand-Plattformen sind Printful und Teespring.

Digitale Produkte:
Digitale Produkte sind immaterielle Güter, die online verkauft werden. Dazu gehören E-Books, Online-Kurse, Software, Musik und digitale Kunst. Digitale Produkte haben den Vorteil, dass sie nach der Erstellung unbegrenzt oft verkauft werden können, ohne zusätzliche Produktionskosten.

Subscription-Modelle:
Bei Abonnementmodellen zahlen Kunden regelmäßig (monatlich oder jährlich) für den Zugang zu Produkten oder Dienstleistungen. Beispiele sind Streaming-Dienste wie Netflix, Software-as-a-Service (SaaS) wie Adobe Creative Cloud und Mitgliederseiten mit exklusiven Inhalten.

2. Marketingstrategien

Suchmaschinenoptimierung (SEO):
SEO bezieht sich auf die Optimierung einer Website, um in den organischen Suchergebnissen von Suchmaschinen wie Google besser

platziert zu werden. Wichtige SEO-Strategien sind die Keyword-Recherche, On-Page-Optimierung, Linkbuilding und die Erstellung qualitativ hochwertiger Inhalte.

Content-Marketing:
Content-Marketing umfasst die Erstellung und Verbreitung wertvoller, relevanter und konsistenter Inhalte, um eine klar definierte Zielgruppe anzuziehen und zu binden. Ziel ist es, durch Inhalte Vertrauen aufzubauen und Kunden zu gewinnen. Formate sind Blogposts, Videos, Podcasts, Infografiken und E-Books.

Social Media Marketing:
Social Media Marketing nutzt Plattformen wie Facebook, Instagram, Twitter und LinkedIn, um Produkte und Dienstleistungen zu bewerben. Dies kann organisch (durch regelmäßige Beiträge) oder durch bezahlte Werbung erfolgen. Erfolgreiches Social Media Marketing erfordert eine klare Strategie, regelmäßige Interaktion mit der Zielgruppe und ansprechende Inhalte.

E-Mail-Marketing:
E-Mail-Marketing ist eine direkte Kommunikationsmethode, bei der Nachrichten an eine Liste von Abonnenten gesendet werden. Wichtige Aspekte des E-Mail-Marketings sind die Erstellung ansprechender Newsletter, Segmentierung der Abonnentenliste und die Automatisierung von E-Mail-Kampagnen. E-Mail-Marketing-Tools wie Mailchimp und ConvertKit erleichtern die Verwaltung und Analyse der Kampagnen.

Pay-Per-Click (PPC):
PPC ist eine Form der Online-Werbung, bei der Werbetreibende jedes Mal zahlen, wenn auf ihre Anzeige geklickt wird. Google Ads und Facebook Ads sind die bekanntesten PPC-Plattformen. PPC-Werbung ermöglicht eine präzise Zielgruppenansprache und bietet sofortige Sichtbarkeit in den Suchergebnissen oder auf Social Media Plattformen.

3. Technische Begriffe

Domain:
Eine Domain ist die Adresse einer Website im Internet, z.B. www.example.com. Eine gute Domain ist kurz, einprägsam und relevant für das Geschäftsmodell. Domains werden über Domain-Registrare wie GoDaddy oder Namecheap erworben.

Webhosting:
Webhosting ist der Service, der es ermöglicht, eine Website im Internet verfügbar zu machen. Webhosting-Anbieter stellen Speicherplatz auf ihren Servern zur Verfügung. Bekannte Webhosting-Anbieter sind Bluehost, SiteGround und HostGator.

CMS (Content Management System):
Ein CMS ist eine Software, die es ermöglicht, digitale Inhalte zu erstellen, zu bearbeiten und zu verwalten. WordPress ist das bekannteste CMS und wird von vielen Websites weltweit genutzt. Andere CMS-Plattformen sind Joomla, Drupal und Shopify.

SSL (Secure Sockets Layer):
SSL ist ein Sicherheitsprotokoll, das die Kommunikation zwischen einem Webbrowser und einem Server verschlüsselt. Eine SSL-Zertifizierung wird durch ein Vorhängeschloss-Symbol in der Adressleiste des Browsers angezeigt und ist für den sicheren Datenaustausch, insbesondere bei E-Commerce-Websites, unerlässlich.

Responsive Design:
Responsive Design bezieht sich auf die Gestaltung von Websites, die sich an verschiedene Bildschirmgrößen und Geräte anpassen. Eine responsive Website bietet eine optimale Benutzererfahrung auf Desktops, Tablets und Smartphones.

API (Application Programming Interface):
Eine API ist eine Schnittstelle, die es verschiedenen Softwareanwendungen ermöglicht, miteinander zu kommunizieren. APIs sind besonders nützlich für die Integration von

Drittanbieterdiensten wie Zahlungsabwicklern, sozialen Netzwerken und Analysediensten.

Analytics:
Analytics bezieht sich auf die Sammlung, Analyse und Interpretation von Daten zur Verbesserung der Website-Performance und des Marketings. Google Analytics ist das bekannteste Tool zur Überwachung von Website-Traffic, Nutzerverhalten und Conversion-Raten.

4. Rechtliche Aspekte

Datenschutz:
Datenschutz bezieht sich auf den Schutz persönlicher Daten vor Missbrauch. Die Datenschutz-Grundverordnung (DSGVO) der EU legt strenge Regeln fest, wie Unternehmen persönliche Daten sammeln, speichern und verwenden dürfen. Einhaltung der DSGVO ist für alle Unternehmen, die Daten von EU-Bürgern verarbeiten, verpflichtend.

Impressumspflicht:
In vielen Ländern, einschließlich Deutschland, besteht eine Impressumspflicht für Websites. Ein Impressum enthält Informationen über den Betreiber der Website, einschließlich Name, Adresse und Kontaktinformationen. Ein fehlendes oder unvollständiges Impressum kann rechtliche Konsequenzen nach sich ziehen.

AGB (Allgemeine Geschäftsbedingungen):
AGB sind Vertragsbedingungen, die die rechtlichen Rahmenbedingungen für Geschäftsbeziehungen festlegen. Sie regeln wichtige Aspekte wie Zahlungsbedingungen, Lieferfristen und Haftungsbeschränkungen. AGB sollten klar formuliert und leicht zugänglich auf der Website sein.

Urheberrecht:
Das Urheberrecht schützt die Rechte der Schöpfer von Originalwerken wie Texten, Bildern, Musik und Software. Die Verwendung urheberrechtlich geschützter Werke ohne Erlaubnis

kann rechtliche Konsequenzen haben. Es ist wichtig, entweder eigene Inhalte zu erstellen oder ordnungsgemäße Lizenzen für die Nutzung fremder Inhalte zu erwerben.

Widerrufsrecht:
Das Widerrufsrecht gibt Verbrauchern das Recht, einen Kaufvertrag innerhalb einer bestimmten Frist zu widerrufen. Online-Händler müssen Kunden über ihr Widerrufsrecht informieren und klare Anweisungen zur Rückgabe von Waren bereitstellen.

Haftungsausschluss:
Ein Haftungsausschluss erklärt, welche Haftung der Website-Betreiber für die bereitgestellten Informationen übernimmt. Dies kann nützlich sein, um sich gegen rechtliche Ansprüche abzusichern, insbesondere bei der Bereitstellung von Ratschlägen oder Meinungen.

5. Finanzielle Aspekte

Einnahmen und Ausgaben:
Das Verständnis der Einnahmen- und Ausgabenströme ist entscheidend für die finanzielle Gesundheit eines Online-Geschäfts. Einnahmen umfassen Verkäufe, Provisionen und Werbeeinnahmen. Ausgaben können Marketingkosten, Plattformgebühren, Werkzeugkosten und Lieferantenrechnungen umfassen.

Gewinn und Verlust:
Die Gewinn- und Verlustrechnung (GuV) ist ein wesentliches Finanzdokument, das die Erträge und Aufwendungen eines Unternehmens über einen bestimmten Zeitraum zusammenfasst. Sie zeigt, ob das Unternehmen profitabel ist und wo möglicherweise Einsparungen oder Investitionen vorgenommen werden können.

Cashflow:
Cashflow bezeichnet den Nettozufluss von Zahlungsmitteln und Zahlungsmitteläquivalenten in einem Unternehmen. Ein positiver Cashflow ist notwendig, um laufende Verpflichtungen zu erfüllen und zukünftige Investitionen zu tätigen.

Steuern:
Jedes Unternehmen, das online Geld verdient, muss steuerliche Verpflichtungen erfüllen. Dazu gehören Einkommensteuer, Umsatzsteuer und gegebenenfalls Gewerbesteuer. Es ist ratsam, sich frühzeitig mit den steuerlichen Anforderungen vertraut zu machen und gegebenenfalls professionelle Unterstützung in Anspruch zu nehmen.

6. Tools und Ressourcen

Projektmanagement-Tools:
Tools wie Trello, Asana und Monday.com helfen bei der Organisation und Verwaltung von Aufgaben und Projekten. Sie ermöglichen die Zusammenarbeit im Team und sorgen dafür, dass Projekte termingerecht abgeschlossen werden.

Kommunikationstools:
Für die Kommunikation im Team und mit Kunden sind Tools wie Slack, Zoom und Microsoft Teams nützlich. Sie bieten Funktionen wie Chat, Videokonferenzen und Dateifreigabe.

Design-Tools:
Für die Erstellung ansprechender visueller Inhalte sind Design-Tools wie Adobe Creative Cloud, Canva und Figma unverzichtbar. Diese Tools bieten eine Vielzahl von Vorlagen und Funktionen für die Gestaltung von Grafiken, Videos und Webdesigns.

Marketing-Tools:
Marketing-Tools wie Hootsuite, Buffer und HubSpot unterstützen bei der Planung, Durchführung und Analyse von Marketingkampagnen. Sie bieten Funktionen zur Automatisierung von Social Media Beiträgen, E-Mail-Kampagnen und Customer Relationship Management (CRM).

Finanztools:
Finanztools wie QuickBooks, Xero und FreshBooks helfen bei der Buchhaltung und Finanzverwaltung. Sie bieten Funktionen zur Rechnungsstellung, Ausgabenverfolgung und Erstellung von Finanzberichten.

Analysesoftware:
Für die Überwachung und Analyse von Website- und Marketingdaten sind Tools wie Google Analytics, SEMrush und Ahrefs nützlich. Sie bieten Einblicke in Nutzerverhalten, Keyword-Leistung und Wettbewerbsanalysen.

7. Zusammenfassung

Ein umfassendes Verständnis der wichtigen Konzepte und Begriffe ist essenziell für den Erfolg im Bereich des Online-Geldverdienens. Von der Wahl des Geschäftsmodells über Marketingstrategien und technische Aspekte bis hin zu rechtlichen und finanziellen Überlegungen – jeder Bereich spielt eine entscheidende Rolle. Durch kontinuierliches Lernen und die Anwendung bewährter Strategien kann jeder, der bereit ist, sich zu engagieren, im Internet erfolgreich Geld verdienen.

Hardware, Software und Internetverbindung: Grundlegende Voraussetzungen zum Geldverdienen im Internet

Erfolgreiches Arbeiten im Internet erfordert nicht nur fundierte Kenntnisse und Fähigkeiten, sondern auch die richtige technische Ausstattung. In diesem Abschnitt werden die wichtigsten Hardware-Komponenten, Software-Tools und die Notwendigkeit einer stabilen Internetverbindung erläutert, um ein reibungsloses und effizientes Arbeiten zu gewährleisten.

1. Hardware

Computer und Laptops: Der Computer oder Laptop ist das Herzstück der meisten Online-Arbeiten. Die Wahl des richtigen Geräts hängt von den spezifischen Anforderungen der jeweiligen Tätigkeit ab.

- **Prozessor (CPU):** Eine leistungsstarke CPU ist wichtig für die Verarbeitung von Daten und die Ausführung mehrerer Anwendungen gleichzeitig. Für die meisten Arbeiten im Internet reicht ein Mittelklasse-Prozessor wie der Intel Core i5 oder AMD Ryzen 5. Für intensivere Aufgaben wie Videobearbeitung oder Programmierung kann ein höherwertiger Prozessor wie der Intel Core i7 oder Ryzen 7 erforderlich sein.

- **Arbeitsspeicher (RAM):** Ausreichender Arbeitsspeicher ist entscheidend für ein flüssiges Multitasking. 8 GB RAM sind das Minimum für die meisten Aufgaben, während 16 GB oder mehr für anspruchsvollere Anwendungen empfohlen werden.

- **Speicherplatz:** SSDs (Solid State Drives) sind schneller und zuverlässiger als herkömmliche HDDs (Hard Disk Drives). Eine SSD mit mindestens 256 GB Speicherplatz ist eine gute Wahl, um das Betriebssystem und häufig verwendete Anwendungen schnell zu starten. Für umfangreichere Datenspeicheranforderungen können externe Festplatten genutzt werden.

- **Grafikkarte (GPU):** Eine dedizierte Grafikkarte ist für grafisch intensive Aufgaben wie Videobearbeitung, 3D-Modellierung oder Gaming erforderlich. NVIDIA GeForce GTX oder RTX und AMD Radeon RX sind beliebte Wahlmöglichkeiten.

Monitore: Ein hochwertiger Monitor ist wichtig für die Darstellung von Inhalten. Für die meisten Arbeiten reicht ein Full-HD-Monitor (1920x1080), während ein 4K-Monitor (3840x2160) für Aufgaben wie Grafikdesign oder Videobearbeitung vorteilhaft sein kann. Dual-Monitor-Setups können die Produktivität weiter steigern, indem sie mehr Bildschirmfläche bieten.

Peripheriegeräte:

- **Tastatur und Maus:** Ergonomische Tastaturen und Mäuse sind wichtig für komfortables Arbeiten über längere Zeiträume. Kabellose Modelle bieten zusätzliche Flexibilität.

- **Webcam und Mikrofon:** Für Videokonferenzen und Online-Meetings sind eine gute Webcam und ein hochwertiges Mikrofon unverzichtbar. Viele Laptops haben integrierte Webcams und Mikrofone, aber externe Geräte bieten oft eine bessere Qualität.

- **Drucker und Scanner:** Obwohl vieles digital erledigt wird, können Drucker und Scanner für bestimmte Aufgaben nützlich sein, wie das Unterschreiben und Einscannen von Verträgen.

Mobile Geräte: Smartphones und Tablets sind ebenfalls wichtige Werkzeuge für das Arbeiten im Internet, insbesondere für die Kommunikation und das Verwalten von Aufgaben unterwegs. Geräte wie das iPhone, iPad oder Android-Smartphones und -Tablets bieten vielfältige Möglichkeiten zur Steigerung der Produktivität.

2. Software

Betriebssysteme: Die Wahl des Betriebssystems hängt von den persönlichen Vorlieben und den spezifischen Anforderungen ab. Die gängigsten Betriebssysteme sind:

- **Windows:** Weit verbreitet und unterstützt eine breite Palette von Anwendungen. Geeignet für allgemeine Aufgaben, Gaming und professionelle Software.

- **macOS:** Entwickelt von Apple und bekannt für seine Benutzerfreundlichkeit und Integration mit anderen Apple-Produkten. Besonders beliebt bei Designern und Kreativen.

- **Linux:** Open-Source und bekannt für seine Flexibilität und Sicherheit. Geeignet für Entwickler und technisch versierte Nutzer.

Produktivitätstools:

- **Office-Suiten:** Microsoft Office (Word, Excel, PowerPoint) und Google Workspace (Docs, Sheets, Slides) sind unverzichtbar für Textverarbeitung, Tabellenkalkulationen und Präsentationen.

- **Projektmanagement-Tools:** Trello, Asana und Monday.com helfen bei der Organisation und Verwaltung von Projekten, Aufgaben und Teams.

- **Kommunikations-Tools:** Slack, Microsoft Teams und Zoom sind wichtig für die Zusammenarbeit und Kommunikation im Team sowie für virtuelle Meetings.

Design- und Kreativtools:

- **Grafikdesign:** Adobe Creative Cloud (Photoshop, Illustrator, InDesign) und Affinity Suite (Photo, Designer, Publisher) bieten leistungsstarke Werkzeuge für Grafikdesign und Bildbearbeitung.

- **Videobearbeitung:** Adobe Premiere Pro, Final Cut Pro und DaVinci Resolve sind führende Softwarelösungen für die Videobearbeitung.

- **Webdesign:** Tools wie Adobe XD, Sketch und Figma sind essenziell für die Gestaltung von Websites und Benutzeroberflächen.

Entwicklungstools:

- **IDEs (Integrierte Entwicklungsumgebungen):** Visual Studio Code, IntelliJ IDEA und PyCharm bieten leistungsstarke Funktionen für die Softwareentwicklung.

- **Versionierung:** Git und Plattformen wie GitHub oder GitLab sind wichtig für die Versionskontrolle und Zusammenarbeit bei Softwareprojekten.

- **Webentwicklung:** Tools wie Node.js, React, Angular und Django unterstützen die Entwicklung moderner Webanwendungen.

Finanz- und Verwaltungstools:

- **Buchhaltungssoftware:** QuickBooks, Xero und FreshBooks helfen bei der Verwaltung von Finanzen, Rechnungsstellung und Ausgabenverfolgung.

- **Steuersoftware:** Tools wie TurboTax oder TaxAct unterstützen bei der Erstellung und Einreichung von Steuererklärungen.

- **CRM (Customer Relationship Management):** Salesforce, HubSpot und Zoho CRM helfen bei der Verwaltung von Kundenbeziehungen und Verkaufsprozessen.

Sicherheitssoftware:

- **Antivirus und Malware-Schutz:** Programme wie Norton, McAfee und Bitdefender bieten Schutz vor Viren, Malware und anderen Bedrohungen.

- **VPN (Virtual Private Network):** VPN-Dienste wie NordVPN, ExpressVPN und CyberGhost bieten sicheren und anonymen Internetzugang, besonders wichtig bei der Nutzung öffentlicher Netzwerke.

3. Internetverbindung

Breitbandverbindung: Eine schnelle und zuverlässige Internetverbindung ist unerlässlich für alle Online-Arbeiten. Breitbandverbindungen, einschließlich Kabel, DSL und Glasfaser, bieten die nötige Geschwindigkeit und Stabilität. Für die meisten Aufgaben sollte eine Downloadgeschwindigkeit von mindestens 25 Mbps und eine Uploadgeschwindigkeit von mindestens 5 Mbps ausreichen.

Mobile Internetverbindung: Für mobile Arbeitsszenarien sind mobile Datenverbindungen über 4G LTE oder 5G wichtig. Diese bieten ausreichend Geschwindigkeit für Aufgaben wie E-Mail, Web-Browsing und Videokonferenzen. Portable Hotspots und Datenpakete können zusätzliche Flexibilität bieten.

Router und Netzwerkeinrichtung:

- **Router:** Ein hochwertiger Router sorgt für eine stabile und schnelle Verbindung im gesamten Arbeitsbereich. Mesh-Router-Systeme können die Reichweite und Stabilität in größeren Räumen verbessern.

- **Netzwerksicherheit:** Die Sicherung des Netzwerks ist wichtig, um unbefugten Zugriff zu verhindern. Dies umfasst die Verwendung starker Passwörter, die Aktivierung von WPA3-Verschlüsselung und regelmäßige Firmware-Updates.

Backup- und Redundanzstrategien:

- **Cloud-Backup:** Dienste wie Google Drive, Dropbox und OneDrive bieten automatische Backups und einfachen Zugriff auf Dateien von überall aus.

- **Externe Festplatten:** Regelmäßige Backups auf externen Festplatten bieten zusätzlichen Schutz gegen Datenverlust.

- **Internet-Redundanz:** Ein zweiter Internetanschluss oder ein mobiler Hotspot kann als Backup dienen, um bei einem Ausfall der Hauptverbindung weiterarbeiten zu können.

4. Ergonomie und Arbeitsumgebung

Ergonomische Arbeitsplätze:

- **Schreibtische:** Verstellbare Schreibtische ermöglichen es, im Sitzen oder Stehen zu arbeiten und fördern eine gesunde Körperhaltung.

- **Stühle:** Ergonomische Stühle unterstützen den Rücken und reduzieren die Belastung bei längerem Sitzen.

- **Monitorständer:** Die Verwendung von Monitorständern oder verstellbaren Armen hilft, die Bildschirmhöhe optimal anzupassen und Nacken- und Augenbelastungen zu minimieren.

Beleuchtung:

- **Natürliche Beleuchtung:** Tageslicht ist ideal, um die Augen zu entlasten und die Produktivität zu steigern. Die Platzierung des Schreibtisches in der Nähe eines Fensters kann vorteilhaft sein.

- **Künstliche Beleuchtung:** LED-Lampen mit einstellbarer Helligkeit und Farbtemperatur bieten flexible Beleuchtungsoptionen für verschiedene Tageszeiten.

Geräuschkontrolle:

- **Kopfhörer:** Geräuschunterdrückende Kopfhörer wie die von Bose oder Sony können helfen, Ablenkungen zu minimieren und die Konzentration zu erhöhen.

- **Akustische Paneele:** Diese können dazu beitragen, den Lärmpegel in einem Raum zu reduzieren und eine ruhigere Arbeitsumgebung zu schaffen.

5. Spezielle Anforderungen für bestimmte Arbeitsbereiche

Grafikdesign und Videobearbeitung:

- **Hochleistungsrechner:** Für Grafikdesign und Videobearbeitung sind leistungsstarke Rechner mit High-End-Grafikkarten und großen Monitoren erforderlich.

- **Speicherkapazität:** Große Festplatten oder SSDs sowie externe Speicherlösungen sind notwendig, um umfangreiche Medienprojekte zu speichern und zu bearbeiten.

Entwicklung und Programmierung:

- **Multimonitor-Setups:** Programmierer profitieren von Multimonitor-Setups, die es ermöglichen, Code, Dokumentation und Ausgaben gleichzeitig anzuzeigen.

- **Spezialisierte Software:** Entwicklungsumgebungen und Tools wie Docker, Kubernetes und CI/CD-Pipelines sind für komplexe Entwicklungsprojekte unerlässlich.

Online-Lehre und Coaching:

- **HD-Webcam und Mikrofon:** Eine hochwertige Webcam und ein gutes Mikrofon sind wichtig, um klare Video- und Audioübertragungen zu gewährleisten.

- **Bildschirmfreigabe-Tools:** Tools wie Zoom, Microsoft Teams und Google Meet ermöglichen das Teilen von Bildschirmen und Präsentationen während des Unterrichts oder Coachings.

6. Zusammenfassung

Die richtige Kombination aus Hardware, Software und einer stabilen Internetverbindung ist unerlässlich, um im Internet erfolgreich Geld zu verdienen. Durch die Auswahl geeigneter Geräte und Tools, die Anpassung der Arbeitsumgebung an ergonomische Standards und die Sicherstellung einer zuverlässigen Internetverbindung können Effizienz und Produktivität maximiert werden. Jeder Arbeitsbereich hat spezifische Anforderungen, die berücksichtigt werden müssen, um optimale Arbeitsbedingungen zu schaffen. Durch Investitionen in die richtige Ausrüstung und regelmäßige Wartung kann ein reibungsloser Arbeitsablauf gewährleistet werden.

Um erfolgreich im Internet Geld zu verdienen, ist eine zielorientierte Planung unerlässlich. Dieser Abschnitt beleuchtet ausführlich die Bedeutung, Methoden und Schritte einer zielorientierten Planung für verschiedene Aspekte des Online-Geldverdienens.

Einführung in die Zielorientierte Planung

Die zielorientierte Planung ist ein entscheidender Prozess, um klare Ziele zu definieren, Strategien zu entwickeln und Maßnahmen zu ergreifen, um diese Ziele zu erreichen. Insbesondere im Bereich des Geldverdienens im Internet ist eine strukturierte und gut durchdachte Planung von großer Bedeutung, um sich von der Vielzahl an Möglichkeiten zu distanzieren und nachhaltigen Erfolg zu sichern.

Warum ist zielorientierte Planung wichtig?

1. **Klarheit und Fokus:** Durch die Festlegung konkreter Ziele bekommt man Klarheit darüber, was man erreichen möchte und kann seine Energie gezielt darauf konzentrieren.

2. **Motivation und Ausdauer:** Ziele dienen als Motivationsquelle und helfen dabei, auch in schwierigen Zeiten am Ball zu bleiben.

3. **Effizienz und Produktivität:** Eine strukturierte Planung erleichtert die Organisation von Aufgaben und Ressourcen, was zu einer effizienteren Arbeitsweise führt.

4. **Erfolgskontrolle und Anpassung:** Ziele ermöglichen es, den Fortschritt zu messen und bei Bedarf Anpassungen vorzunehmen, um die gewünschten Ergebnisse zu erzielen.

Schritte der zielorientierten Planung

Die zielorientierte Planung besteht aus mehreren Schritten, die systematisch durchlaufen werden, um sicherzustellen, dass die gesetzten Ziele realistisch, erreichbar und effektiv umgesetzt werden können.

1. Zieldefinition

Der erste Schritt besteht darin, klare und spezifische Ziele zu definieren. Diese sollten SMART-Kriterien erfüllen:

- **S**pezifisch: Die Ziele sollten konkret und präzise formuliert sein.

- **M**essbar: Es sollte möglich sein, den Fortschritt und das Erreichen der Ziele zu messen.

- **A**ttraktiv: Die Ziele sollten motivierend und ansprechend sein, um Engagement zu fördern.

- **R**ealistisch: Die Ziele sollten erreichbar sein, unter Berücksichtigung der vorhandenen Ressourcen und Fähigkeiten.

- **T**erminiert: Es sollte ein klarer Zeitrahmen festgelegt werden, bis wann die Ziele erreicht werden sollen.

Beispiel für ein SMART-Ziel: "Ich werde innerhalb der nächsten sechs Monate durch Affiliate-Marketing monatlich 1000 Euro zusätzlich verdienen, indem ich hochwertige Inhalte erstelle und gezielte Marketingstrategien umsetze."

2. Analyse der Ausgangssituation

Bevor konkrete Maßnahmen ergriffen werden können, ist es wichtig, die aktuelle Situation zu analysieren. Das umfasst:

- **Stärken und Schwächen:** Eine ehrliche Einschätzung der eigenen Fähigkeiten, Ressourcen und Einschränkungen.

- **Marktanalyse:** Untersuchung des Wettbewerbsumfelds, Identifizierung von Marktlücken und Chancen.

- **Zielgruppenanalyse:** Verständnis der Zielgruppe, ihrer Bedürfnisse, Vorlieben und Verhaltensweisen.

Die Ausgangsanalyse liefert wichtige Informationen, die für die Entwicklung geeigneter Strategien und Taktiken benötigt werden.

3. Strategieentwicklung

Basierend auf den definierten Zielen und der Ausgangsanalyse werden strategische Ansätze entwickelt, um die Ziele zu erreichen. Dies umfasst:

- **Geschäftsmodell:** Auswahl des geeigneten Geschäftsmodells, das am besten zu den Fähigkeiten, Interessen und Marktbedingungen passt.

- **Marketingstrategien:** Entwicklung einer Marketingstrategie, die auf die Zielgruppe abgestimmt ist und verschiedene Kanäle wie SEO, Content-Marketing, Social Media und bezahlte Werbung umfassen kann.

- **Monetarisierungsstrategien:** Festlegung der Einnahmequellen und wie diese optimiert und diversifiziert werden können, z.B. durch Affiliate-Marketing, E-Commerce, digitale Produkte oder Mitgliedschaften.

Die Strategieentwicklung sollte flexibel sein und gegebenenfalls angepasst werden können, basierend auf dem Marktfeedback und den sich ändernden Rahmenbedingungen.

4. Aktionsplanung und Umsetzung

Ein detaillierter Aktionsplan beschreibt die konkreten Schritte und Aufgaben, die erforderlich sind, um die definierten Ziele zu erreichen. Dies umfasst:

- **Aufgabenpriorisierung:** Festlegung der wichtigsten Aufgaben und deren Reihenfolge der Durchführung.

- **Ressourcenallokation:** Zuweisung von Zeit, Geld und anderen Ressourcen für jede Aufgabe.

- **Zeitplan:** Festlegung von Fristen und Meilensteinen, um den Fortschritt zu überwachen und sicherzustellen, dass die Ziele rechtzeitig erreicht werden.

Die Umsetzung erfordert häufig eine enge Zusammenarbeit zwischen Teammitgliedern oder externen Partnern, um die Effizienz zu maximieren und Synergien zu nutzen.

5. Überwachung und Bewertung

Die regelmäßige Überwachung des Fortschritts ist entscheidend, um sicherzustellen, dass die gesetzten Ziele erreicht werden. Dies umfasst:

- **Leistungsindikatoren (KPIs):** Festlegung von KPIs, um den Fortschritt und den Erfolg der durchgeführten Maßnahmen zu messen.

- **Feedback und Anpassung:** Auf Basis der gesammelten Daten und Rückmeldungen Anpassungen vornehmen, um die Strategie zu optimieren und die Zielerreichung zu maximieren.

- **Lernen und Verbessern:** Kontinuierliches Lernen aus Erfolgen und Misserfolgen, um zukünftige Planungen und Strategien zu verbessern.

6. Reflexion und Weiterentwicklung

Nach Abschluss eines Projekts oder der Erreichung eines Ziels ist es wichtig, eine Nachbereitung durchzuführen:

- **Erfolgskriterien:** Überprüfung, ob die Ziele in der gewünschten Qualität und im geplanten Zeitrahmen erreicht wurden.

- **Lessons Learned:** Identifizierung von Erfolgsfaktoren und Herausforderungen, aus denen man lernen kann.

- **Weiterentwicklung:** Nutzung der gewonnenen Erkenntnisse für die Weiterentwicklung der eigenen Fähigkeiten, Strategien und zukünftiger Projekte.

Anwendung der zielorientierten Planung im Online-Geldverdienen

Die zielorientierte Planung ist besonders relevant für verschiedene Aspekte des Online-Geldverdienens. Nachfolgend werden einige spezifische Anwendungsgebiete und deren Umsetzung beschrieben:

1. Geschäftsmodellentwicklung

Bei der Entwicklung eines Geschäftsmodells für das Online-Geldverdienen ist eine gründliche Planung erforderlich:

- **Zielsetzung:** Definition der langfristigen und kurzfristigen Ziele des Geschäftsmodells, z.B. Umsatzziele, Marktanteil oder Kundenzufriedenheit.

- **Marktanalyse:** Untersuchung des Marktes, Identifizierung von Bedürfnissen und Trends, Wettbewerbsanalyse.

- **Monetarisierungsstrategien:** Auswahl der geeigneten Einnahmequellen, z.B. Werbung, Verkauf von Produkten oder Dienstleistungen, Abonnements.

2. Content- und Marketingstrategien

Eine effektive Content- und Marketingstrategie ist entscheidend, um online sichtbar zu sein und Kunden zu gewinnen:

- **Zielsetzung:** Festlegung der Ziele für die Reichweite, Lead-Generierung, Conversion-Raten oder Kundenbindung.

- **Content-Planung:** Entwicklung eines redaktionellen Kalenders, Themenrecherche, Erstellung von hochwertigen Inhalten.

- **SEO-Strategie:** Optimierung der Inhalte für Suchmaschinen, Keyword-Recherche, On-Page- und Off-Page-Optimierung.

- **Social Media Marketing:** Planung und Durchführung von Kampagnen auf Plattformen wie Facebook, Instagram, Twitter, LinkedIn.

3. Produktentwicklung und E-Commerce

Für den Erfolg im E-Commerce und bei der Entwicklung digitaler Produkte sind folgende Schritte wichtig:

- **Zielsetzung:** Definieren der Produktziele, Umsatzziele und Kundenerwartungen.

- **Produktentwicklung:** Prototyping, Feedback-Sammlung, Verbesserungen basierend auf Kundenfeedback.

- **Vertriebsstrategie:** Auswahl der Vertriebskanäle, Preisgestaltung, Promotion und Verkaufsförderung.

Herausforderungen und Tipps für eine erfolgreiche zielorientierte Planung

Herausforderungen

- **Unvorhergesehene Ereignisse:** Externe Faktoren wie Marktschwankungen oder technologische Veränderungen können die Planung beeinflussen.

- **Zeitmanagement:** Die Einhaltung von Zeitplänen und Fristen kann eine Herausforderung darstellen, insbesondere bei komplexen Projekten.

- **Ressourcenbeschränkungen:** Begrenzte Budgets, Fähigkeiten oder Zugang zu Technologie können die Umsetzung der Planung beeinträchtigen.

Tipps für eine erfolgreiche zielorientierte Planung

- **Realistische Ziele setzen:** Stellen Sie sicher, dass die Ziele anspruchsvoll, aber erreichbar sind, basierend auf den verfügbaren Ressourcen und Fähigkeiten.

- **Flexibilität bewahren:** Seien Sie offen für Anpassungen und Änderungen Ihrer Strategie basierend auf den gesammelten Daten und Rückmeldungen.

- **Regelmäßige Überprüfung:** Überwachen Sie den Fortschritt regelmäßig und passen Sie Ihre Pläne bei Bedarf an, um auf Veränderungen reagieren zu können.

- **Lernen und Verbessern:** Nutzen Sie jede Erfahrung als Lernmöglichkeit, um Ihre Fähigkeiten und Ihre zukünftige Planung zu verbessern.

Fazit

Die zielorientierte Planung ist ein wesentlicher Bestandteil des Erfolgs im Internet-Geldverdienen. Durch die klare Definition von Zielen, die Entwicklung strategischer Ansätze und die konsequente Umsetzung von Aktionsplänen können Sie Ihre Chancen auf langfristigen Erfolg maximieren. Indem Sie sich regelmäßig überprüfen, anpassen und weiterentwickeln, bleiben Sie flexibel und bereit, sich neuen Herausforderungen und Chancen anzupassen, die sich in der dynamischen Online-Welt bieten.

Um erfolgreich im Internet Geld zu verdienen, ist es unerlässlich, sich mit den rechtlichen Aspekten, insbesondere der Gewerbeanmeldung, den Steuern und anderen gesetzlichen Vorschriften, vertraut zu machen. Dieser Abschnitt beleuchtet ausführlich diese Themen und gibt Ihnen einen umfassenden Überblick darüber, was Sie beachten müssen, wenn Sie online Geld verdienen möchten.

Gewerbeanmeldung

Die Gewerbeanmeldung ist der erste Schritt für viele, die im Internet Geschäfte machen möchten. Sie regelt, ob und wie ein Gewerbe angemeldet werden muss, welche Steuern zu entrichten sind und welche rechtlichen Vorgaben einzuhalten sind.

Definition und Notwendigkeit

Ein Gewerbe ist jede selbständige, nachhaltige Tätigkeit, die auf Gewinn ausgerichtet ist und über einen gewissen wirtschaftlichen Umfang verfügt. Die Gewerbeanmeldung ist der Prozess, bei dem diese Tätigkeit bei der zuständigen Behörde (meist das Gewerbeamt oder das Ordnungsamt) angemeldet wird. In vielen Ländern ist eine Gewerbeanmeldung Pflicht, sobald eine gewisse Umsatzgrenze überschritten wird oder bestimmte Tätigkeiten ausgeübt werden.

Schritte zur Gewerbeanmeldung

1. **Informationen sammeln:** Klären Sie, ob Ihre Tätigkeit als Gewerbe gilt und welche Unterlagen Sie für die Anmeldung benötigen.

2. **Formular ausfüllen:** Füllen Sie das Anmeldeformular für die Gewerbeanmeldung aus. Dies kann online oder persönlich beim Gewerbeamt erfolgen.

3. **Gebühren bezahlen:** In einigen Ländern fallen Gebühren für die Gewerbeanmeldung an. Informieren Sie sich im Voraus über die Höhe der Gebühren.

4. **Gewerbeschein erhalten:** Nach Prüfung der Unterlagen erhalten Sie Ihren Gewerbeschein, der die offizielle Erlaubnis zur Ausübung Ihrer Geschäftstätigkeit darstellt.

Steuern

Das Thema Steuern ist entscheidend für jeden, der im Internet Geld verdient. Verschiedene Einnahmequellen und Tätigkeiten können unterschiedliche steuerliche Auswirkungen haben, daher ist es wichtig, sich über die relevanten Steuervorschriften in Ihrem Land zu informieren.

Arten von Steuern

1. **Einkommensteuer:** Die Einkommensteuer wird auf das Einkommen aus selbständiger Tätigkeit erhoben und richtet sich nach dem persönlichen Einkommensteuersatz.

2. **Umsatzsteuer (Mehrwertsteuer):** Die Umsatzsteuer wird auf den Verkauf von Waren und Dienstleistungen erhoben. Kleinunternehmerregelungen können in einigen Ländern gelten, die eine Befreiung von der Umsatzsteuer ermöglichen, wenn bestimmte Umsatzgrenzen nicht überschritten werden.

3. **Gewerbesteuer:** Die Gewerbesteuer wird auf den Gewerbeertrag von Unternehmen erhoben und ist eine Gemeindesteuer. Nicht alle Gewerbetreibenden sind jedoch zur Zahlung der Gewerbesteuer verpflichtet.

Steuerliche Pflichten

1. **Steuerliche Registrierung:** Möglicherweise müssen Sie sich für die Einkommensteuer und die Umsatzsteuer registrieren lassen, sobald Sie ein Gewerbe anmelden.

2. **Einkommensnachweis:** Halten Sie alle Einnahmen und Ausgaben genau fest und bewahren Sie Belege und Rechnungen auf, um Ihre Steuererklärung korrekt ausfüllen zu können.

3. **Fristen beachten:** Achten Sie darauf, dass Sie alle Steuererklärungen rechtzeitig einreichen und fällige Steuerzahlungen pünktlich leisten, um Strafen und Zinsen zu vermeiden.

Rechtliche Aspekte

Beim Online-Geldverdienen gibt es eine Vielzahl rechtlicher Aspekte zu beachten, insbesondere im Bereich des Urheberrechts, Datenschutzes und der Verbraucherrechte.

Urheberrecht

1. **Inhalte:** Stellen Sie sicher, dass Sie über die erforderlichen Rechte verfügen, um Inhalte wie Bilder, Texte oder Videos zu nutzen oder zu veröffentlichen. Verwenden Sie keine geschützten Werke ohne Erlaubnis.

2. **Lizenzierung:** Berücksichtigen Sie Lizenzbedingungen und Urheberrechtsbestimmungen, wenn Sie Inhalte von Dritten verwenden oder selbst erstellen.

Datenschutz

1. **Datenschutzrichtlinien:** Wenn Sie personenbezogene Daten sammeln, müssen Sie eine Datenschutzerklärung bereitstellen, die beschreibt, wie Sie Daten verwenden, speichern und schützen.

2. **Einwilligung:** Holen Sie die Einwilligung der Nutzer ein, bevor Sie deren Daten verarbeiten oder speichern.

Verbraucherrechte

1. **Rückgaberecht:** Informieren Sie sich über die geltenden Rückgaberechte und Gewährleistungsfristen für Online-Käufe.

2. **Kundenservice:** Bieten Sie einen transparenten Kundenservice an, der Fragen und Beschwerden der Kunden zeitnah und professionell bearbeitet.

Tipps für die praktische Umsetzung

1. **Professionelle Beratung:** Konsultieren Sie einen Steuerberater oder Rechtsanwalt, um sicherzustellen, dass Sie alle gesetzlichen Anforderungen erfüllen und rechtliche Risiken minimieren.

2. **Dokumentation:** Halten Sie alle wichtigen Dokumente und Unterlagen ordnungsgemäß und sicher aufbewahrt.

3. **Weiterbildung:** Bleiben Sie über aktuelle Gesetzesänderungen und Best Practices informiert, um Ihre Geschäftstätigkeit rechtlich abzusichern.

Zusammenfassung

Die Gewerbeanmeldung, Steuern und rechtlichen Aspekte sind wesentliche Schritte und Überlegungen für jeden, der im Internet Geld verdienen möchte. Indem Sie sich rechtzeitig informieren, alle gesetzlichen Vorgaben beachten und bei Bedarf professionelle Beratung in Anspruch nehmen, können Sie sicherstellen, dass Ihre Geschäftstätigkeit legal und erfolgreich verläuft. Vermeiden Sie rechtliche Probleme, indem Sie proaktiv handeln und sich kontinuierlich über neue Entwicklungen informieren.

Um erfolgreich als Freelancer Dienstleistungen online anzubieten, gibt es zahlreiche Plattformen und Schritte, die Sie beachten sollten. Dieser Abschnitt bietet einen umfassenden Überblick über das Freelancing im Internet, die verschiedenen Plattformen und die ersten Schritte, um als Freelancer erfolgreich zu starten.

Einführung ins Freelancing

Freelancing oder freiberufliches Arbeiten bezeichnet die selbständige Erbringung von Dienstleistungen für verschiedene Auftraggeber ohne langfristige Bindung. Diese Arbeitsweise hat in den letzten Jahren durch die zunehmende Digitalisierung und Globalisierung stark zugenommen. Freelancer können ihre Dienste weltweit über Online-Plattformen anbieten und sich so ein flexibles und oft auch lukratives Einkommen sichern.

Vorteile des Freelancing

1. **Flexibilität:** Freelancer können ihre Arbeitszeiten und Arbeitsorte selbst bestimmen.

2. **Vielfalt:** Es gibt eine große Bandbreite an Projekten und Aufgaben, aus denen Freelancer wählen können, je nach ihren Fähigkeiten und Interessen.

3. **Unabhängigkeit:** Freelancer sind ihre eigenen Chefs und können Entscheidungen über ihre Projekte und Kunden treffen.

4. **Globale Reichweite:** Durch das Internet können Freelancer weltweit Kunden gewinnen und mit ihnen zusammenarbeiten.

Arten von Freelance-Dienstleistungen

Freelancer können in nahezu jedem Bereich Dienstleistungen anbieten. Hier sind einige gängige Kategorien:

1. **Grafikdesign und kreative Dienstleistungen:** Grafikdesign, Illustrationen, Videobearbeitung, Fotografie.

2. **Schreiben und Übersetzen:** Content Writing, Copywriting, Übersetzungen.

3. **IT und Programmierung:** Webentwicklung, App-Entwicklung, Software-Entwicklung.

4. **Digitales Marketing:** SEO, Social Media Marketing, Content Marketing.

5. **Beratung und Coaching:** Business Consulting, Lebensberatung, Karriere-Coaching.

Online-Plattformen für Freelancer

Der Schlüssel zum Erfolg als Freelancer liegt oft in der Nutzung geeigneter Online-Plattformen, die den Kontakt zu potenziellen Kunden erleichtern und administrative Aufgaben vereinfachen können. Hier sind einige der bekanntesten Plattformen:

1. Upwork

Upwork ist eine der größten Plattformen für Freelancer mit einer breiten Palette an Kategorien von technischen Projekten über Design bis hin zu Marketing. Freelancer erstellen Profile, bieten auf Projekte und arbeiten direkt mit Kunden zusammen.

2. Fiverr

Fiverr konzentriert sich auf kleinere Dienstleistungen, die oft als "Gigs" bezeichnet werden, die zu einem bestimmten Preis angeboten werden. Es reicht von Grafikdesign über Schreiben bis hin zu digitalen Marketingdiensten.

3. Freelancer.com

Freelancer.com ist eine Plattform, auf der Projekte aus verschiedenen Kategorien wie Programmierung, Webdesign, Dateneingabe und mehr angeboten werden. Freelancer können auf Projekte bieten und direkt mit den Auftraggebern kommunizieren.

4. Guru

Guru ist eine Plattform, die sich auf technische und kreative Dienstleistungen konzentriert. Freelancer können Profile erstellen, Portfolios hochladen und auf Projekte bieten.

5. Toptal

Toptal ist eine Plattform, die sich auf Top-Freelancer in den Bereichen Softwareentwicklung, Finanzen und Design konzentriert. Die Aufnahme auf Toptal ist selektiv, was die Plattform für hochspezialisierte Fachkräfte attraktiv macht.

Erste Schritte als Freelancer

1. Fähigkeiten identifizieren und Nische wählen

Identifizieren Sie Ihre Stärken, Fähigkeiten und Erfahrungen. Überlegen Sie, welche Dienstleistungen Sie anbieten möchten und welche Nische Sie bedienen wollen. Spezialisierung kann Ihnen helfen, sich von der Konkurrenz abzuheben und hochwertige Dienstleistungen anzubieten.

2. Portfolio aufbauen

Ein Portfolio ist entscheidend, um potenziellen Kunden Ihre Fähigkeiten und Arbeiten zu präsentieren. Erstellen Sie Beispiele Ihrer besten Arbeiten, sei es Grafikdesign, Programmierprojekte oder Artikel, und präsentieren Sie sie ansprechend auf Ihrer Profilseite.

3. Profil erstellen und optimieren

Erstellen Sie ein aussagekräftiges Profil auf den gewählten Plattformen. Fügen Sie eine professionelle Zusammenfassung über sich selbst hinzu, listen Sie Ihre Fähigkeiten und Erfahrungen auf und zeigen Sie Ihr Portfolio. Optimieren Sie Ihr Profil mit relevanten

Keywords, um in den Suchergebnissen der Plattform besser gefunden zu werden.

4. Preise festlegen

Bestimmen Sie angemessene Preise für Ihre Dienstleistungen. Berücksichtigen Sie Ihre Fähigkeiten, Ihre Erfahrung, den Marktstandard und die Komplexität der Projekte. Manche Plattformen haben Richtlinien oder empfehlen Preisgestaltungsstrategien, die Ihnen helfen können, wettbewerbsfähige Angebote zu erstellen.

5. Projekte finden und bieten

Durchsuchen Sie die Plattformen nach Projekten, die zu Ihren Fähigkeiten passen. Lesen Sie die Projektbeschreibungen sorgfältig durch, stellen Sie Fragen, wenn nötig, und bieten Sie auf Projekte, die Sie interessieren und für die Sie qualifiziert sind. Bieten Sie realistische Fristen und klare Erwartungen, was Sie für den Kunden leisten können.

6. Kommunikation und Kundenbeziehungen

Eine klare und professionelle Kommunikation ist entscheidend für den Erfolg als Freelancer. Klären Sie alle Details mit dem Kunden, bevor Sie mit der Arbeit beginnen, und halten Sie ihn regelmäßig über den Fortschritt auf dem Laufenden. Bemühen Sie sich um gute Kundenbeziehungen, um wiederkehrende Aufträge und Empfehlungen zu fördern.

Herausforderungen und Tipps für Freelancer

Herausforderungen

1. **Wettbewerb:** Der Wettbewerb auf Freelancer-Plattformen kann intensiv sein, besonders in beliebten Kategorien wie Grafikdesign oder Programmierung.

2. **Preisdruck:** Kunden suchen oft nach dem besten Preis-Leistungs-Verhältnis, was den Preiswettbewerb erhöhen kann.

3. **Zeitmanagement:** Als Freelancer müssen Sie mehrere Projekte gleichzeitig managen und gleichzeitig die Qualität Ihrer Arbeit sicherstellen.

Tipps für den Erfolg

1. **Spezialisierung:** Finden Sie eine Nische oder spezialisieren Sie sich in einer bestimmten Fähigkeit oder Branche, um sich von der Konkurrenz abzuheben.

2. **Kundenbindung:** Bieten Sie exzellenten Kundenservice und Qualität, um Kunden zu binden und positive Bewertungen zu erhalten.

3. **Networking:** Netzwerken Sie mit anderen Freelancern und potenziellen Kunden, um Ihre Reichweite zu erhöhen und neue Geschäftsmöglichkeiten zu finden.

Fazit

Freelancing bietet eine flexible und oft lukrative Möglichkeit, online Geld zu verdienen. Durch die Nutzung geeigneter Plattformen, die Entwicklung Ihrer Fähigkeiten und die Pflege guter Kundenbeziehungen können Sie als Freelancer erfolgreich werden. Beginnen Sie mit einer gründlichen Planung, bauen Sie Ihr Portfolio auf und optimieren Sie Ihre Präsenz auf den Plattformen, um Ihre Chancen auf Projekte und langfristigen Erfolg zu maximieren.

Um erfolgreich eigene Produkte online zu verkaufen, bietet der E-Commerce eine Vielzahl von Möglichkeiten, angefangen bei der Auswahl der richtigen Shopsysteme bis hin zur Nutzung verschiedener Marktplätze. Dieser Abschnitt bietet einen umfassenden Überblick über die Grundlagen des E-Commerce, die verschiedenen Arten von Shopsystemen und die beliebtesten Marktplätze für den Verkauf eigener Produkte online.

Einführung in den E-Commerce

Der elektronische Handel, kurz E-Commerce, hat die Art und Weise revolutioniert, wie Produkte und Dienstleistungen weltweit verkauft und gekauft werden. Im Zentrum steht der Verkauf über das Internet, der sowohl für große Unternehmen als auch für kleine Einzelhändler und Einzelpersonen zugänglich ist. E-Commerce bietet zahlreiche Vorteile, darunter eine globale Reichweite, niedrige Betriebskosten und die Möglichkeit, rund um die Uhr zu verkaufen.

Arten von E-Commerce

Es gibt verschiedene Modelle des E-Commerce, die je nach Geschäftsmodell und den angebotenen Produkten variieren können:

1. **Business-to-Consumer (B2C):** Direkter Verkauf von Produkten oder Dienstleistungen an Endverbraucher über eine Online-Plattform.

2. **Business-to-Business (B2B):** Verkauf von Produkten oder Dienstleistungen von einem Unternehmen an ein anderes Unternehmen über elektronische Kanäle.

3. **Consumer-to-Consumer (C2C):** Direkter Handel zwischen Verbrauchern über Online-Marktplätze oder spezialisierte Plattformen.

4. **Consumer-to-Business (C2B):** Verbraucher bieten Produkte oder Dienstleistungen für Unternehmen an, z.B. durch Crowdsourcing oder Influencer-Marketing.

Eigene Produkte online verkaufen

Der Verkauf eigener Produkte online kann eine lohnende Möglichkeit sein, ein Geschäft zu starten oder ein bestehendes

Geschäft zu erweitern. Hier sind die wesentlichen Schritte und Überlegungen, um erfolgreich eigene Produkte online zu verkaufen:

1. Produktentwicklung und Beschaffung

- **Produktentwicklung:** Entwickeln Sie ein einzigartiges Produkt oder eine Dienstleistung, die eine Nachfrage auf dem Markt erfüllt. Berücksichtigen Sie dabei auch Aspekte wie Verpackung und Präsentation.

- **Beschaffung:** Stellen Sie sicher, dass Sie über zuverlässige Lieferanten oder Hersteller verfügen, die Ihnen qualitativ hochwertige Produkte liefern können, um die Kundenzufriedenheit zu gewährleisten.

2. Wahl des richtigen Vertriebskanals

- **Eigener Online-Shop:** Erstellen Sie eine eigene Website mit einem integrierten Shopsystem, um Ihre Produkte direkt an Kunden zu verkaufen.

- **Online-Marktplätze:** Nutzen Sie etablierte Plattformen wie Amazon, eBay oder Etsy, um Ihre Produkte einem breiten Publikum zugänglich zu machen.

3. Shopsysteme für den E-Commerce

Die Wahl des richtigen Shopsystems ist entscheidend für den Erfolg Ihres E-Commerce-Geschäfts. Hier sind einige beliebte Shopsysteme:

a. Shopify

Shopify ist eine umfassende E-Commerce-Plattform, die es Ihnen ermöglicht, einen voll funktionsfähigen Online-Shop zu erstellen, zu verwalten und zu skalieren. Es bietet eine Vielzahl von Vorlagen, Zahlungsoptionen und Integrationen mit anderen Diensten.

b. WooCommerce (WordPress)

WooCommerce ist eine Erweiterung für WordPress, die es Ihnen ermöglicht, einen Online-Shop direkt in Ihre WordPress-Website zu integrieren. Es ist flexibel, anpassbar und bietet eine Vielzahl von Erweiterungen für zusätzliche Funktionen.

c. BigCommerce

BigCommerce ist eine cloudbasierte E-Commerce-Plattform, die sich besonders für wachsende Unternehmen eignet. Es bietet robuste Funktionen für den Verkauf, die Verwaltung und die Analyse von Produkten.

d. Magento

Magento ist eine Open-Source-Plattform, die sich besonders für große und komplexe E-Commerce-Projekte eignet. Es bietet eine hohe Flexibilität und Anpassbarkeit, erfordert jedoch fortgeschrittene technische Kenntnisse.

4. Nutzung von Online-Marktplätzen

Neben dem Betrieb eines eigenen Online-Shops können Sie Ihre Produkte auch über verschiedene Online-Marktplätze verkaufen. Hier sind einige der bekanntesten Plattformen:

a. Amazon

Amazon ist einer der größten Online-Marktplätze weltweit und bietet eine enorme Reichweite für Ihre Produkte. Sie können entweder als individueller Verkäufer oder über das Fulfillment by Amazon (FBA) Programm verkaufen.

b. eBay

eBay ermöglicht es Ihnen, Produkte über Auktionen oder zum Festpreis zu verkaufen. Es ist besonders beliebt für gebrauchte oder einzigartige Artikel sowie für bestimmte Kategorien wie Sammlerstücke.

c. Etsy

Etsy ist eine Plattform, die sich auf handgemachte Produkte, Vintage-Artikel und kreative Waren konzentriert. Es ist ideal für Verkäufer, die einzigartige und individuelle Produkte anbieten möchten.

d. Alibaba

Alibaba ist eine Plattform für den Großhandelsverkauf von Produkten. Es richtet sich an Unternehmen, die Produkte in großen Mengen kaufen und weltweit vertreiben möchten.

5. Marketing und Verkaufsförderung

Um Ihre Produkte erfolgreich zu verkaufen, ist effektives Marketing entscheidend:

- **Suchmaschinenoptimierung (SEO):** Optimieren Sie Ihre Produktseiten für Suchmaschinen, um mehr organischen Traffic zu generieren.

- **Social Media Marketing:** Nutzen Sie Plattformen wie Facebook, Instagram und Pinterest, um Ihre Produkte zu bewerben und eine Community aufzubauen.

- **Pay-per-Click (PPC) Werbung:** Schalten Sie gezielte Anzeigen auf Plattformen wie Google Ads, um Ihre Zielgruppe anzusprechen und den Verkauf zu steigern.

6. Kundenbetreuung und Rückgaberecht

Bieten Sie exzellenten Kundenservice, um die Kundenzufriedenheit zu gewährleisten und Kundenbindung aufzubauen:

- **Klare Kommunikation:** Beantworten Sie Kundenanfragen und Feedback zeitnah und professionell.

- **Rückgaberecht:** Legen Sie klare Richtlinien für Rücksendungen und Erstattungen fest, um das Vertrauen der Kunden zu stärken.

Herausforderungen und Tipps für den Erfolg im E-Commerce

Herausforderungen

1. **Wettbewerb:** Der Online-Markt ist stark umkämpft, und es kann schwierig sein, sich von anderen Verkäufern abzuheben.

2. **Logistik und Versand:** Effizientes Lagermanagement und schnelle Lieferzeiten sind entscheidend für die Kundenzufriedenheit.

3. **Rechtliche Vorschriften:** Achten Sie auf gesetzliche Vorschriften wie Datenschutzbestimmungen, Widerrufsrecht und Steuern.

Tipps für den Erfolg

1. **Produktqualität:** Bieten Sie hochwertige Produkte und einen Mehrwert für Ihre Kunden, um positive Bewertungen und Mundpropaganda zu fördern.

2. **Analyse und Optimierung:** Verfolgen Sie Ihre Verkaufsdaten und führen Sie regelmäßig Analysen durch,

um Ihre Strategien zu optimieren und auf dem Laufenden zu bleiben.

3. **Kundenerfahrung:** Bemühen Sie sich um eine nahtlose und positive Kundenerfahrung vom ersten Kontakt bis zum Kauf und darüber hinaus.

Fazit

Der E-Commerce bietet eine Vielzahl von Möglichkeiten, eigene Produkte online zu verkaufen, sei es über einen eigenen Online-Shop oder über verschiedene Online-Marktplätze. Durch die Auswahl der richtigen Shopsysteme, die Nutzung geeigneter Marktplätze und eine effektive Marketingstrategie können Sie Ihre Produkte einem globalen Publikum zugänglich machen und Ihr E-Commerce-Geschäft erfolgreich ausbauen. Achten Sie auf Qualität, Kundenbindung und gesetzliche Vorschriften, um langfristigen Erfolg und Wachstum zu gewährleisten.

Um erfolgreich im Dropshipping Geschäfte zu betreiben, muss man die Nuancen dieses speziellen Geschäftsmodells verstehen und klug implementieren. Dieser Abschnitt bietet einen umfassenden Überblick über Dropshipping, einschließlich seiner Definition, der Vor- und Nachteile, der Schlüsselaspekte bei der Implementierung und wichtige Tipps für den Erfolg.

Einführung in Dropshipping

Dropshipping ist ein Geschäftsmodell im E-Commerce, bei dem der Händler (der Dropshipper) Produkte direkt vom Lieferanten oder Hersteller verkauft, ohne physische Lagerbestände zu halten. Der Lieferant übernimmt Lagerhaltung, Verpackung und Versand der Produkte direkt an den Endkunden. Der Dropshipper fungiert als Vermittler, der die Bestellungen entgegennimmt und die Produkte über eine Online-Plattform verkauft.

Funktionsweise des Dropshippings

1. **Produktliste und Verkauf:** Der Dropshipper listet die Produkte des Lieferanten in seinem Online-Shop oder auf einer E-Commerce-Plattform wie Amazon oder eBay.

2. **Bestellung und Bezahlung:** Kunden bestellen die Produkte beim Dropshipper und bezahlen den Verkaufspreis.

3. **Weiterleitung der Bestellung:** Der Dropshipper leitet die Bestellung und die Zahlungsinformationen an den Lieferanten weiter.

4. **Versand und Lieferung:** Der Lieferant versendet die Produkte direkt an den Kunden, oft unter Verwendung eines neutralen Verpackungsmaterials ohne Markenlogo des Lieferanten.

Vorteile von Dropshipping

1. **Geringe Startkosten:** Dropshipping erfordert im Vergleich zu traditionellen Einzelhandelsmodellen nur wenig Startkapital, da kein physisches Lager benötigt wird.

2. **Kein Inventarmanagement:** Der Dropshipper muss sich nicht um Lagerhaltung, Lagerung oder Versand kümmern, was Zeit und Kosten spart.

3. **Skalierbarkeit:** Da der Dropshipper keine physischen Bestände verwalten muss, kann er leicht neue Produkte hinzufügen und sein Geschäft schnell skalieren.

4. **Flexibilität:** Dropshipping ermöglicht es dem Dropshipper, von überall auf der Welt zu arbeiten, solange eine Internetverbindung vorhanden ist.

Herausforderungen von Dropshipping

1. **Geringe Gewinnspannen:** Da der Dropshipper die Produkte zu einem höheren Preis als der Großhandelspreis des Lieferanten verkauft, sind die Gewinnspannen oft geringer.

2. **Abhängigkeit vom Lieferanten:** Der Erfolg des Dropshippers hängt stark von der Zuverlässigkeit und Effizienz der Lieferanten ab.

3. **Kundenbetreuung:** Da der Dropshipper nicht direkt für den Versand verantwortlich ist, kann es zu Problemen wie verspäteten Lieferungen oder Produktqualitätsproblemen kommen, die die Kundenzufriedenheit beeinträchtigen können.

4. **Wettbewerb:** Dropshipping ist ein beliebtes Geschäftsmodell, daher ist der Wettbewerb oft intensiv, insbesondere in beliebten Produktkategorien.

Implementierung von Dropshipping

1. Auswahl der Nische und Produkte

- **Marktforschung:** Identifizieren Sie eine profitable Nische oder Produktkategorie, die auf Nachfrage trifft, aber nicht zu gesättigt ist.

- **Lieferanten finden:** Recherchieren Sie nach zuverlässigen Lieferanten oder Großhändlern, die Dropshipping anbieten und Produkte von hoher Qualität liefern können.

2. Erstellung eines Online-Shops oder Nutzung einer Plattform

- **Eigener Online-Shop:** Erstellen Sie einen eigenen E-Commerce-Shop mit einer geeigneten Plattform wie Shopify, WooCommerce oder anderen.

- **Online-Marktplätze:** Nutzen Sie bestehende Plattformen wie Amazon, eBay oder Etsy, um Ihre Produkte zu listen und zu verkaufen.

3. Einrichtung und Integration

- **Produktlistung:** Laden Sie Produktbilder, Beschreibungen und Preise hoch und optimieren Sie Ihre Produktseiten für Suchmaschinen, um die Sichtbarkeit zu erhöhen.

- **Zahlungsabwicklung:** Integrieren Sie Zahlungsgateways wie PayPal oder Kreditkartenzahlungen, um die Zahlungsabwicklung für Ihre Kunden zu erleichtern.

4. Marketing und Kundengewinnung

- **SEO und Content-Marketing:** Optimieren Sie Ihre Website für Suchmaschinen, um organischen Traffic zu generieren. Erstellen Sie hochwertige Inhalte, die Ihre Zielgruppe ansprechen und informieren.

- **Social Media:** Nutzen Sie Plattformen wie Facebook, Instagram und Pinterest, um Ihre Produkte zu bewerben und eine Community aufzubauen.

- **Paid Advertising:** Verwenden Sie bezahlte Werbung wie Google Ads oder Facebook Ads, um gezielten Traffic zu generieren und Ihre Conversions zu steigern.

5. Kundenbetreuung und Service

- **Kundenkommunikation:** Stellen Sie sicher, dass Sie auf Anfragen und Probleme Ihrer Kunden schnell und professionell reagieren.

- **Rückgaberecht und Garantie:** Klären Sie Rückgaberichtlinien und Garantiebedingungen für Ihre Kunden, um Vertrauen und Zufriedenheit zu gewährleisten.

Tipps für den Erfolg im Dropshipping

1. **Auswahl der richtigen Produkte:** Wählen Sie Produkte aus, die eine hohe Nachfrage haben und sich gut verkaufen lassen.

2. **Vertrauenswürdige Lieferanten:** Arbeiten Sie mit zuverlässigen Lieferanten zusammen, um Qualität und Kundenzufriedenheit sicherzustellen.

3. **Effizientes Management:** Überwachen Sie regelmäßig Ihre Bestellungen, Lagerbestände und Kundenfeedback, um Ihr Geschäft kontinuierlich zu verbessern.

4. **Kundenerfahrung optimieren:** Bieten Sie eine nahtlose und positive Erfahrung, um Kundenbindung und positive Bewertungen zu fördern.

Fazit

Dropshipping ist ein attraktives Geschäftsmodell für Einzelhändler, die online Produkte verkaufen möchten, ohne physische Lagerbestände zu halten. Durch die Auswahl der richtigen Produkte, die Zusammenarbeit mit vertrauenswürdigen Lieferanten und eine effektive Marketingstrategie können Dropshipper erfolgreich sein und ihr Geschäft skalieren. Trotz der Herausforderungen bietet Dropshipping die Möglichkeit, ein flexibles und skalierbares E-Commerce-Geschäft aufzubauen, das weltweit agiert und zahlreiche Chancen bietet, sich am Markt zu etablieren.

Print-on-Demand (POD) ist ein innovatives Geschäftsmodell im E-Commerce, das es ermöglicht, personalisierte Produkte herzustellen und zu verkaufen, ohne vorab große Mengen an Lagerbestand zu halten. Dieser Abschnitt bietet einen umfassenden Überblick über Print-on-Demand, einschließlich seiner Definition, der Implementierungsmöglichkeiten über verschiedene Plattformen und Partnerschaften sowie wesentlicher Tipps für den Erfolg.

Einführung in Print-on-Demand (POD)

Print-on-Demand ist ein Geschäftsmodell, bei dem Produkte erst dann hergestellt werden, wenn eine Bestellung eingeht. Dies ermöglicht es Einzelhändlern und Künstlern, personalisierte oder speziell gestaltete Produkte anzubieten, ohne vorab in großen Mengen produzieren oder Lagerbestand halten zu müssen. Die Produkte werden oft direkt an den Endkunden versandt, wobei der POD-Anbieter (Druckerei oder Plattform) für die Produktion, Verpackung und den Versand verantwortlich ist.

Funktionsweise von Print-on-Demand

1. **Produktauswahl:** Der Verkäufer wählt eine Auswahl von Produkten aus, die über Print-on-Demand hergestellt werden können, wie z.B. T-Shirts, Hoodies, Tassen, Poster, und vieles mehr.

2. **Design:** Der Verkäufer erstellt oder lädt Designs hoch, die auf die ausgewählten Produkte gedruckt werden sollen. Diese Designs können entweder selbst erstellt oder über Plattformen wie Grafikdesigner oder Künstler erworben werden.

3. **Produktlistung:** Die Produkte werden auf einer E-Commerce-Plattform oder einem eigenen Online-Shop des Verkäufers gelistet, komplett mit Bildern, Beschreibungen und Preisen.

4. **Bestellung und Produktion:** Wenn ein Kunde eine Bestellung aufgibt, wird das Design auf das ausgewählte Produkt gedruckt oder anderweitig aufgebracht. Die Produktion erfolgt in der Regel innerhalb weniger Tage.

5. **Versand:** Nach der Produktion wird das Produkt direkt an den Kunden versandt, wobei der POD-Anbieter den Versand und die Logistik übernimmt.

Vorteile von Print-on-Demand

1. **Geringe Startkosten:** POD erfordert im Vergleich zu traditionellen Einzelhandelsmodellen nur geringe Investitionen in Inventar oder Produktionskosten.

2. **Kein Lagerbestand:** Da Produkte erst nach Bedarf produziert werden, entfallen Kosten und Risiken im Zusammenhang mit der Lagerhaltung von Waren.

3. **Produktvielfalt:** POD ermöglicht eine große Vielfalt an Produkten und Designs, die auf individuelle Vorlieben und Trends zugeschnitten sind.

4. **Skalierbarkeit:** Verkäufer können ihr Angebot leicht erweitern und neue Produkte hinzufügen, um ihre Marktpräsenz zu erhöhen.

5. **Globaler Versand:** POD-Anbieter können Produkte weltweit versenden, was den Zugang zu einem globalen Markt ermöglicht.

Herausforderungen von Print-on-Demand

1. **Qualitätskontrolle:** Die Qualität der Produkte hängt von der Druckqualität und der Produktionsgenauigkeit des POD-Anbieters ab.

2. **Designschutz:** Der Schutz von geistigem Eigentum und Copyright ist wichtig, da Designs leicht reproduziert oder kopiert werden können.

3. **Wettbewerb:** Der Markt für personalisierte Produkte ist wettbewerbsintensiv, und es kann schwierig sein, sich von anderen Anbietern abzuheben.

4. **Kundenbetreuung:** Da der POD-Anbieter für Produktion und Versand verantwortlich ist, können Probleme wie

verspätete Lieferungen oder Qualitätsprobleme auftreten, die die Kundenzufriedenheit beeinträchtigen können.

Implementierung von Print-on-Demand

1. Auswahl der Produkte und Designs

- **Produktauswahl:** Entscheiden Sie sich für eine Auswahl von Produkten, die sich für Print-on-Demand eignen, basierend auf Trends, Nachfrage und Zielgruppeninteressen.

- **Design:** Erstellen Sie eigene Designs oder arbeiten Sie mit Grafikdesignern oder Künstlern zusammen, um einzigartige und ansprechende Designs zu erstellen.

2. Wahl der POD-Plattform oder Partnerschaft

- **POD-Plattformen:** Nutzen Sie spezialisierte POD-Plattformen wie Printful, Printify, Teespring oder Spreadshirt, die Druck- und Produktionsdienstleistungen anbieten.

- **Eigener Online-Shop:** Integrieren Sie POD in Ihren eigenen Online-Shop über Plattformen wie Shopify, WooCommerce oder Etsy, die POD-Integrationen unterstützen.

3. Einrichtung und Integration

- **Produktlistung:** Laden Sie Produktbilder hoch, schreiben Sie ansprechende Produktbeschreibungen und legen Sie Preise fest, die die Produktionskosten und Ihren Gewinn berücksichtigen.

- **Technische Integration:** Integrieren Sie die POD-Plattform nahtlos in Ihren Online-Shop, um Bestellungen automatisch an den POD-Anbieter weiterzuleiten und den Produktionsprozess zu initiieren.

4. Marketing und Verkaufsförderung

- **Zielgruppenansprache:** Nutzen Sie Social Media, Influencer-Marketing und gezielte Werbung, um Ihre Zielgruppe anzusprechen und auf Ihre personalisierten Produkte aufmerksam zu machen.

- **Content-Marketing:** Erstellen Sie Inhalte, die Ihre Produkte und Designs präsentieren und potenzielle Kunden inspirieren.

5. Kundenbetreuung und Qualitätssicherung

- **Kundenservice:** Bieten Sie exzellenten Kundenservice, um Fragen zu Produkten, Bestellungen oder Rücksendungen schnell und effizient zu beantworten.

- **Qualitätskontrolle:** Überwachen Sie die Produktqualität und den Produktionsprozess regelmäßig, um sicherzustellen, dass Ihre Produkte den Erwartungen Ihrer Kunden entsprechen.

Tipps für den Erfolg im Print-on-Demand

1. **Nische und Zielgruppe:** Identifizieren Sie eine profitable Nische und verstehen Sie die Bedürfnisse und Vorlieben Ihrer Zielgruppe.

2. **Designqualität:** Investieren Sie in hochwertige Designs und visuelle Ästhetik, um sich von anderen Anbietern abzuheben.

3. **Partnerschaften:** Arbeiten Sie mit zuverlässigen POD-Anbietern zusammen, die Qualität, Auswahl und Kundenservice bieten.

4. **Marketingstrategien:** Experimentieren Sie mit verschiedenen Marketingkanälen und -strategien, um Ihre Reichweite zu erhöhen und den Umsatz zu steigern.

5. **Feedback nutzen:** Hören Sie auf das Feedback Ihrer Kunden und nutzen Sie es, um Ihre Produkte und Dienstleistungen kontinuierlich zu verbessern.

Fazit

Print-on-Demand bietet eine flexible und kostengünstige Möglichkeit, personalisierte Produkte zu erstellen und zu verkaufen, ohne vorab große Investitionen in Lagerbestände tätigen zu müssen. Durch die Auswahl der richtigen Produkte, die Zusammenarbeit mit zuverlässigen POD-Plattformen und eine effektive Marketingstrategie können Verkäufer erfolgreich sein und ihr Geschäft skalieren. Trotz der Herausforderungen bietet Print-on-Demand die Möglichkeit, ein einzigartiges E-Commerce-Geschäft aufzubauen und individuelle Produkte anzubieten, die die Bedürfnisse und Vorlieben der Verbraucher weltweit ansprechen.

Das Erstellen und Verkaufen digitaler Produkte wie E-Books, Online-Kurse und Software bietet eine attraktive Möglichkeit, online Geld zu verdienen. Dieser Abschnitt bietet einen umfassenden Überblick über die verschiedenen Arten digitaler Produkte, die Schritte zur Erstellung und Vermarktung sowie wesentliche Aspekte für den Erfolg.

Einführung in digitale Produkte

Digitale Produkte sind Inhalte oder Anwendungen, die elektronisch heruntergeladen oder online bereitgestellt werden können. Im Gegensatz zu physischen Produkten erfordern sie keine Lagerhaltung oder physische Lieferung. Dies ermöglicht es Content-Erstellern und Entwicklern, Produkte zu erstellen, zu verkaufen und zu skalieren, ohne die traditionellen logistischen Herausforderungen zu bewältigen.

Arten digitaler Produkte

1. **E-Books:** Elektronische Bücher, die in digitalen Formaten wie PDF, EPUB oder Kindle-Formaten verfügbar sind. Sie reichen von Romanen und Fachbüchern bis hin zu Ratgebern und Lehrbüchern.

2. **Online-Kurse:** Kurse oder Schulungen, die über Lernplattformen oder eigene Websites angeboten werden. Sie umfassen Themen von akademischen Fächern über persönliche Entwicklung bis hin zu spezialisierten Fertigkeiten.

3. **Software und Apps:** Anwendungen und Programme, die verschiedene Funktionen bieten, von Produktivitätswerkzeugen bis hin zu Unterhaltungs- und Dienstleistungsanwendungen.

Schritte zur Erstellung und Vermarktung digitaler Produkte

1. Ideenfindung und Marktforschung

- **Identifizieren Sie eine Nische:** Bestimmen Sie ein Thema oder einen Marktbedarf, der für Ihr digitales Produkt relevant ist und eine Nachfrage hat.

- **Marktforschung:** Analysieren Sie die Konkurrenz, bestehende Angebote und die Bedürfnisse Ihrer Zielgruppe, um eine fundierte Entscheidung zu treffen.

2. Erstellung des digitalen Produkts

a. E-Books

- **Inhaltsentwicklung:** Schreiben Sie den Inhalt Ihres E-Books unter Berücksichtigung von Struktur, Formatierung und Design.

- **Design und Layout:** Erstellen Sie ein ansprechendes Cover und gestalten Sie das Layout für eine benutzerfreundliche Leseerfahrung.

b. Online-Kurse

- **Kursstruktur:** Planen Sie den Kursinhalt in übersichtlichen Modulen oder Lektionen, die aufeinander aufbauen.

- **Multimediale Inhalte:** Integrieren Sie Videos, Audiodateien, Präsentationen und interaktive Elemente, um das Lernen zu verbessern.

c. Software und Apps

- **Entwicklung:** Entwerfen und entwickeln Sie die Software oder App, testen Sie sie gründlich und verbessern Sie sie basierend auf Feedback.

- **Benutzerfreundlichkeit:** Stellen Sie sicher, dass die Benutzeroberfläche intuitiv ist und den Anforderungen der Benutzer entspricht.

3. Plattformwahl und Verkaufskanal

- **Eigene Website:** Erstellen Sie eine eigene Website oder nutzen Sie Plattformen wie WordPress, um Ihr Produkt zu hosten und zu verkaufen.

- **Online-Marktplätze:** Verkaufen Sie Ihr Produkt über etablierte Marktplätze wie Amazon Kindle Direct Publishing (KDP), Udemy für Kurse oder den Apple App Store für Apps.

4. Marketing und Verkaufsförderung

- **Content-Marketing:** Erstellen Sie Inhalte, die Ihr Fachwissen zeigen und potenzielle Kunden ansprechen, wie z.B. Blog-Beiträge, Videos oder Podcasts.

- **SEO:** Optimieren Sie Ihre Produktseite und Inhalte für Suchmaschinen, um organischen Traffic zu generieren.

- **Social Media:** Nutzen Sie Plattformen wie Facebook, Instagram und LinkedIn, um Ihre Zielgruppe anzusprechen und Ihre Produkte zu bewerben.

- **Bezahlte Werbung:** Schalten Sie gezielte Anzeigen auf Plattformen wie Google Ads oder Facebook Ads, um die Sichtbarkeit zu erhöhen und den Umsatz zu steigern.

5. Kundenbetreuung und Feedback

- **Kundenservice:** Bieten Sie einen exzellenten Kundenservice, um Fragen zu beantworten und Probleme schnell zu lösen.

- **Feedback nutzen:** Hören Sie auf das Feedback Ihrer Kunden, um Ihr Produkt kontinuierlich zu verbessern und an die Bedürfnisse Ihrer Zielgruppe anzupassen.

Rechtliche Aspekte und Schutz geistigen Eigentums

- **Urheberrecht:** Schützen Sie Ihre Inhalte und Produkte vor unbefugter Nutzung durch Urheberrechte und gegebenenfalls Patente oder Marken.

- **Nutzungsbedingungen und Datenschutz:** Stellen Sie klare Nutzungsbedingungen und Datenschutzrichtlinien auf, um rechtliche Fragen zu klären und das Vertrauen der Kunden zu stärken.

Tipps für den Erfolg im Verkauf digitaler Produkte

1. **Qualität vor Quantität:** Bieten Sie hochwertige Inhalte und eine benutzerfreundliche Erfahrung, um die Zufriedenheit und Bindung der Kunden zu fördern.

2. **Marktbedürfnisse verstehen:** Recherchieren Sie kontinuierlich die Bedürfnisse und Trends Ihrer Zielgruppe, um Ihr Produktangebot anzupassen und zu erweitern.

3. **Lernen und Anpassen:** Seien Sie bereit, aus Rückmeldungen zu lernen und Ihr Produkt kontinuierlich zu verbessern, um den Marktanforderungen gerecht zu werden.

4. **Langfristige Strategie:** Entwickeln Sie eine langfristige Vermarktungsstrategie, um kontinuierlich neue Kunden zu gewinnen und den Umsatz zu steigern.

Fazit

Das Erstellen und Verkaufen digitaler Produkte wie E-Books, Online-Kurse und Software bietet eine flexible und skalierbare Möglichkeit, online Geld zu verdienen. Durch die sorgfältige Planung, Erstellung und Vermarktung können Content-Ersteller und Entwickler ihr Publikum erreichen, Bedürfnisse erfüllen und ein profitables Geschäft aufbauen. Mit den richtigen Strategien für Produktentwicklung, Plattformwahl und Marketing können digitale Produkte nicht nur den Umsatz steigern, sondern auch langfristige Kundenbeziehungen aufbauen und den Erfolg im digitalen Markt sichern.

Passives Einkommen ist ein Begriff, der in der Finanzwelt und im Unternehmertum zunehmend an Bedeutung gewinnt. Es bezeichnet Einnahmen, die regelmäßig fließen, ohne dass dafür aktive Arbeitszeit investiert werden muss. Im Gegensatz zu einem traditionellen Angestelltenverhältnis, bei dem Einkommen durch direkte Arbeitsleistung verdient wird, erfordert passives Einkommen oft eine initiale Investition von Zeit, Geld oder beidem, um dann kontinuierlich Einnahmen zu generieren. Diese Art von Einkommen ermöglicht es Menschen, ihre finanzielle Freiheit zu steigern, indem sie zusätzliche Geldströme erschließen, die unabhängig von ihrer regulären Tätigkeit funktionieren.

Was ist passives Einkommen?

Passives Einkommen ist ein Finanzkonzept, das auf der Idee basiert, dass Geld für Sie arbeiten sollte, anstatt dass Sie für Geld arbeiten. Es ermöglicht es Menschen, zusätzliches Einkommen zu generieren, das nicht durch einen direkten Tausch von Zeit gegen Geld begrenzt ist. Anstatt nur für jede Stunde, die Sie arbeiten, bezahlt zu werden, können Sie passive Einnahmequellen entwickeln, die auch dann Geld verdienen, wenn Sie schlafen, im Urlaub sind oder anderweitig nicht aktiv arbeiten.

Merkmale von passivem Einkommen:

1. **Kontinuierlicher Cashflow:** Passives Einkommen erzeugt regelmäßige Einnahmen, oft auf automatisierte Weise, ohne dass tägliche Arbeitsstunden erforderlich sind.

2. **Investition von Zeit oder Geld:** Um passive Einkommensströme zu etablieren, ist in der Regel eine anfängliche Investition erforderlich, sei es in Form von Zeit (z.B. Erstellung eines digitalen Produkts) oder Geld (z.B. Investition in Immobilien).

3. **Skalierbarkeit:** Viele passive Einkommensquellen können skalierbar sein, was bedeutet, dass sie durch Erweiterung oder Optimierung weiteres Einkommen generieren können.

4. **Unabhängigkeit von Arbeitszeit:** Im Gegensatz zu aktiven Einkommensquellen, die direkt mit der geleisteten Arbeitszeit korrelieren, bieten passive Einkommensströme die Freiheit, sich anderen Aktivitäten oder Leidenschaften zu widmen.

Arten von passivem Einkommen

Es gibt verschiedene Formen passiven Einkommens, die von Investitionen in traditionelle Finanzinstrumente bis hin zu unternehmerischen Bemühungen reichen. Hier sind einige gängige Arten:

1. **Investitionen in Aktien und Anleihen:** Dividenden von Aktien und Zinsen von Anleihen können regelmäßige Einkommensströme generieren.

2. **Immobilieninvestitionen:** Mieteinnahmen aus Immobilienbesitz sind eine häufige Form passiven Einkommens.

3. **Unternehmertum und Geschäftsmodelle:** E-Commerce, Affiliate-Marketing, digitale Produkte, Lizenzgebühren für geistiges Eigentum und Network-Marketing können passive Einkommensströme erzeugen.

4. **Peer-to-Peer-Kredite und Crowdfunding:** Investitionen in Plattformen, die Peer-to-Peer-Kredite oder Crowdfunding für Unternehmen ermöglichen, können passives Einkommen durch Zinsen oder Gewinnbeteiligungen erzeugen.

5. **Dividenden und Investmentfonds:** Ausschüttungen von Dividenden und Erträgen aus Investmentfonds können regelmäßige Einnahmen ohne aktive Teilnahme generieren.

Vorteile von passivem Einkommen

1. **Finanzielle Freiheit:** Passives Einkommen kann Ihnen helfen, Ihre finanzielle Unabhängigkeit zu erreichen, indem es zusätzliche Einnahmen unabhängig von Ihrer Hauptbeschäftigung bietet.

2. **Zeitliche Flexibilität:** Da passive Einkommensquellen nicht an Arbeitszeiten gebunden sind, ermöglichen sie Ihnen die

Freiheit, Ihre Zeit flexibler zu gestalten und sich auf andere Prioritäten zu konzentrieren.

3. **Skalierbarkeit:** Viele passive Einkommensströme können mit der Zeit wachsen und sich durch Erweiterung oder Optimierung weiterentwickeln.

4. **Diversifikation:** Durch die Schaffung mehrerer passiver Einkommensströme können Sie Ihr Einkommen diversifizieren und Ihr finanzielles Risiko minimieren.

Herausforderungen von passivem Einkommen

1. **Initiale Investition:** Viele Formen passiven Einkommens erfordern eine anfängliche Investition von Zeit, Geld oder beidem, bevor sie Einnahmen generieren können.

2. **Management und Überwachung:** Einige passive Einkommensquellen erfordern ein gewisses Maß an Management und Überwachung, um sicherzustellen, dass sie effektiv und profitabel bleiben.

3. **Risiko:** Wie bei jeder Form der Einkommensgenerierung gibt es Risiken, die mit passiven Einkommensströmen verbunden sind, einschließlich Marktrisiken, Volatilität und potenzieller Verluste.

4. **Lernkurve:** Für einige Formen von passivem Einkommen kann eine Lernkurve erforderlich sein, um effektive Strategien zu entwickeln und zu implementieren, die zu erfolgreichen Ergebnissen führen.

Strategien zur Erzielung passiven Einkommens

1. Investitionen in Finanzinstrumente

- **Dividendenaktien:** Investieren Sie in Unternehmen, die regelmäßig Dividenden ausschütten, um passives Einkommen aus Dividendenerträgen zu generieren.

- **Anleihen:** Investitionen in festverzinsliche Wertpapiere können regelmäßige Zinszahlungen als passives Einkommen generieren.

2. Immobilieninvestitionen

- **Mieteinnahmen:** Vermieten Sie Immobilien, um passives Einkommen aus Mieteinnahmen zu erzielen.

- **Immobilieninvestmentfonds (REITs):** Investieren Sie in Real Estate Investment Trusts (REITs), um Einkommen aus Mieteinnahmen und Immobilienwertsteigerungen zu erzielen.

3. Unternehmerische Bemühungen

- **Digitale Produkte:** Erstellen und verkaufen Sie digitale Produkte wie E-Books, Online-Kurse oder Software, um passives Einkommen aus wiederkehrenden Lizenzgebühren oder Verkaufserlösen zu generieren.

- **Affiliate-Marketing:** Bewerben Sie Produkte oder Dienstleistungen anderer Unternehmen und verdienen Sie Provisionen für jeden Verkauf oder jede Weiterleitung.

4. Peer-to-Peer-Kredite und Crowdfunding

- **Peer-to-Peer-Kredite:** Verleihen Sie Geld an Einzelpersonen oder kleine Unternehmen über Peer-to-Peer-Kreditplattformen und verdienen Sie Zinsen als passives Einkommen.

- **Crowdfunding:** Investieren Sie in Projekte oder Unternehmen über Crowdfunding-Plattformen und verdienen Sie Gewinnbeteiligungen oder Rückflüsse.

Rechtliche und steuerliche Aspekte

- **Einkommenssteuer:** Passives Einkommen unterliegt in den meisten Ländern der Einkommenssteuer. Stellen Sie sicher, dass Sie Ihre steuerlichen Verpflichtungen verstehen und erfüllen.

- **Rechtliche Aspekte:** Schützen Sie Ihre Investitionen und Einkommensströme durch rechtliche Vereinbarungen und Versicherungen, wo erforderlich.

Tipps für den Aufbau passiven Einkommens

1. **Geduld und Ausdauer:** Der Aufbau passiver Einkommensströme erfordert Zeit und Engagement. Seien Sie geduldig und bleiben Sie konsequent in Ihrer Strategie.

2. **Diversifikation:** Diversifizieren Sie Ihre Einkommensströme, um Ihr Risiko zu minimieren und verschiedene Quellen passiven Einkommens zu erschließen.

3. **Bildung und Lernen:** Investieren Sie in Ihre eigene Bildung und Weiterentwicklung, um effektive Strategien zur Erzeugung passiven Einkommens zu erlernen und anzuwenden.

4. **Netzwerken und Zusammenarbeit:** Nutzen Sie Netzwerke und Zusammenarbeit, um Ihre Möglichkeiten zu erweitern und von anderen zu lernen, die ähnliche Ziele verfolgen.

Fazit

Passives Einkommen bietet eine attraktive Möglichkeit, zusätzliche Einnahmen zu generieren und finanzielle Unabhängigkeit zu erreichen. Indem Sie Zeit und Ressourcen in die Schaffung passiver Einkommensströme investieren, können Sie langfristige finanzielle Sicherheit aufbauen und Ihre Lebensqualität verbessern. Ob durch Investitionen in Finanzinstrumente, Immobilien, unternehmerische

Unternehmungen oder andere Formen, die Vielfalt der Möglichkeiten ermöglicht es Ihnen, eine Strategie zu wählen, die Ihren Fähigkeiten, Interessen und finanziellen Zielen entspricht. Durch die Verwaltung und Optimierung Ihrer passiven Einkommensströme können Sie nicht nur finanziell erfolgreich sein, sondern auch die Freiheit und Flexibilität genießen, Ihre Zeit und Ressourcen effektiv zu nutzen.

Affiliate-Marketing ist eine populäre Methode, um im Internet Geld zu verdienen, indem man Produkte oder Dienstleistungen anderer Unternehmen bewirbt und für jeden vermittelten Kunden eine Provision erhält. Dieser Abschnitt bietet einen umfassenden Überblick über Affiliate-Marketing, einschließlich der Funktionsweise, der verschiedenen Netzwerke, Strategien zur Maximierung der Einnahmen und rechtlicher Aspekte.

Einführung in Affiliate-Marketing

Affiliate-Marketing ist eine Form des Online-Marketings, bei der Affiliate-Partner (auch Publisher genannt) Produkte oder Dienstleistungen eines Unternehmens bewerben und für jeden generierten Verkauf oder Lead eine Provision erhalten. Es ermöglicht es Unternehmen, ihre Reichweite zu vergrößern und den Umsatz zu steigern, während es Affiliates die Möglichkeit bietet, passives Einkommen zu verdienen, indem sie relevante Produkte oder Dienstleistungen an ihre Zielgruppe vermitteln.

Funktionsweise von Affiliate-Marketing

1. **Affiliate-Netzwerk:** Unternehmen nutzen Affiliate-Netzwerke wie Amazon Associates, ShareASale, CJ Affiliate (früher Commission Junction) oder Rakuten Marketing, um ihre Affiliate-Programme zu verwalten und Publisher zu verbinden.

2. **Registrierung als Affiliate:** Affiliates melden sich bei einem Affiliate-Netzwerk an oder direkt bei einem Unternehmen, um deren Produkte oder Dienstleistungen zu bewerben.

3. **Auswahl der Produkte:** Affiliates wählen Produkte oder Dienstleistungen aus, die sie bewerben möchten, und erhalten spezielle Affiliate-Links oder Werbemittel.

4. **Werbeaktivitäten:** Affiliates bewerben die Produkte oder Dienstleistungen über ihre eigenen Kanäle wie Websites, Blogs, Social Media, E-Mail-Marketing oder YouTube-Kanäle.

5. **Provisionsvergütung:** Affiliates verdienen eine Provision für jeden erfolgreichen Verkauf, Lead oder andere vordefinierte Aktion, die durch ihre Empfehlung generiert wurde.

Netzwerke für Affiliate-Marketing

1. Amazon Associates

Amazon Associates ist eines der größten und bekanntesten Affiliate-Programme. Affiliates verdienen Provisionen für den Verkauf von Produkten auf Amazon, indem sie spezielle Affiliate-Links auf ihren Websites oder in ihren Inhalten platzieren. Vorteile sind die große Auswahl an Produkten und die Vertrauenswürdigkeit von Amazon, während Nachteile die relativ niedrigen Provisionssätze und die Cookie-Laufzeit sind.

2. ShareASale

ShareASale ist ein Affiliate-Netzwerk, das eine breite Palette von Unternehmen und Produkten abdeckt. Affiliates können aus Tausenden von Programmen wählen und erhalten detaillierte Berichterstattung und Unterstützung durch das Netzwerk. Vorteile sind die Vielfalt der verfügbaren Programme und die flexible

Auszahlung, während Nachteile die Notwendigkeit sind, sich für jedes einzelne Programm bewerben zu müssen.

3. CJ Affiliate (Commission Junction)

CJ Affiliate ist eines der ältesten und etabliertesten Affiliate-Netzwerke. Es bietet eine breite Palette von Programmen in verschiedenen Branchen und ermöglicht es Affiliates, ihre Einnahmen durch Performance-basierte Provisionen zu steigern. Vorteile sind die globale Reichweite und die umfangreichen Reporting-Tools, während Nachteile die Komplexität der Plattform und die Mindestauszahlungsbeträge sein können.

4. Rakuten Marketing

Rakuten Marketing, früher bekannt als LinkShare, ist ein globales Affiliate-Netzwerk, das Affiliates Zugang zu einer Vielzahl von Programmen bietet. Vorteile sind die globalen Partnerschaften und die Möglichkeiten für Affiliates, mehrere Programme zu verwalten, während Nachteile die relativ komplizierte Benutzeroberfläche und die notwendige Lernkurve sein können.

Strategien für erfolgreiches Affiliate-Marketing

1. Zielgruppenanalyse und Nischenfindung

- **Identifizieren Sie eine profitable Nische:** Wählen Sie eine Nische, die auf Interessen, Leidenschaften oder Problemlösungen Ihrer Zielgruppe basiert.

- **Zielgruppenanalyse:** Verstehen Sie die Bedürfnisse, Herausforderungen und Kaufgewohnheiten Ihrer Zielgruppe, um passende Produkte oder Dienstleistungen zu bewerben.

2. Qualitätsinhalte erstellen

- **SEO-optimierte Inhalte:** Erstellen Sie hochwertige Inhalte, die für Suchmaschinen optimiert sind, um organischen Traffic zu generieren und Ihre Zielgruppe anzusprechen.

- **Produktbewertungen und Tutorials:** Erstellen Sie detaillierte Produktbewertungen, Vergleiche und Anleitungen, die Ihren Lesern helfen, fundierte Kaufentscheidungen zu treffen.

3. Diversifizierung der Werbekanäle

- **Website oder Blog:** Erstellen Sie eine Website oder einen Blog als zentrale Plattform für Ihre Affiliate-Marketing-Aktivitäten.

- **Social Media:** Nutzen Sie Plattformen wie Facebook, Instagram, Pinterest oder Twitter, um Ihre Affiliate-Links zu teilen und Ihre Reichweite zu vergrößern.

- **YouTube:** Erstellen Sie Videos, die Produkte vorstellen, Bewertungen geben oder Anwendungsbeispiele zeigen, um Ihre Affiliate-Links zu integrieren.

4. Aufbau einer Community und Engagement

- **E-Mail-Marketing:** Bauen Sie eine E-Mail-Liste auf und nutzen Sie E-Mail-Marketing-Kampagnen, um wertvolle Inhalte bereitzustellen und Ihre Affiliate-Produkte zu bewerben.

- **Community-Building:** Engagieren Sie sich aktiv in Foren, sozialen Gruppen oder Online-Communities, um Ihr Fachwissen zu teilen und potenzielle Kunden zu gewinnen.

5. Performance-Tracking und Optimierung

- **Conversion-Tracking:** Verwenden Sie Tools wie Google Analytics oder die Reporting-Tools des Affiliate-Netzwerks, um die Leistung Ihrer Affiliate-Kampagnen zu überwachen und zu optimieren.

- **Split-Testing:** Testen Sie verschiedene Werbemittel, Call-to-Actions und Landing Pages, um die Conversion-Raten zu verbessern und das Einkommen zu steigern.

Rechtliche Aspekte und Compliance

- **Affiliate-Offenlegung:** Einhalten der gesetzlichen Anforderungen zur Offenlegung von Affiliate-Links und Provisionen in Ihren Inhalten, um Transparenz gegenüber Ihren Lesern zu gewährleisten.

- **Datenschutz und Cookie-Richtlinien:** Beachten Sie die Datenschutzgesetze und implementieren Sie Cookie-Richtlinien auf Ihrer Website oder in Ihren Marketing-Materialien.

Herausforderungen im Affiliate-Marketing

1. **Wettbewerb:** Der Markt für Affiliate-Marketing ist stark umkämpft, was es schwierig machen kann, sich von anderen Affiliates abzuheben.

2. **Algorithmische Änderungen:** Änderungen in den Suchmaschinenalgorithmen oder den Richtlinien der Social-Media-Plattformen können die Sichtbarkeit und Reichweite Ihrer Inhalte beeinträchtigen.

3. **Provisionssätze und Auszahlungen:** Einige Affiliate-Programme bieten niedrige Provisionssätze oder haben hohe Mindestauszahlungsbeträge, die den Einkommenserwerb beeinflussen können.

4. **Technische Fähigkeiten:** Erfordert technische Fähigkeiten wie SEO, Content-Erstellung und Webdesign, um erfolgreich zu sein, was eine Lernkurve für neue Affiliates darstellen kann.

Tipps für den Erfolg im Affiliate-Marketing

1. **Wählen Sie relevante Produkte aus:** Bewerben Sie Produkte oder Dienstleistungen, die zu Ihrer Zielgruppe passen und einen Mehrwert bieten.

2. **Bauen Sie Vertrauen auf:** Liefern Sie qualitativ hochwertige Inhalte und ehrliche Empfehlungen, um das Vertrauen Ihrer Leser zu gewinnen und langfristige Beziehungen aufzubauen.

3. **Bleiben Sie aktuell:** Verfolgen Sie die Trends und Entwicklungen in Ihrer Nische, um relevante Inhalte zu erstellen und Ihre Affiliate-Strategien anzupassen.

4. **Seien Sie konsistent:** Bleiben Sie konsequent in Ihren Bemühungen und investieren Sie kontinuierlich in den Aufbau Ihrer Affiliate-Marketing-Aktivitäten.

Fazit

Affiliate-Marketing bietet eine flexible und skalierbare Möglichkeit, online Geld zu verdienen, indem man Produkte oder Dienstleistungen anderer Unternehmen bewirbt und dafür Provisionen erhält. Durch die Auswahl der richtigen Affiliate-Netzwerke, die Erstellung hochwertiger Inhalte und die Nutzung verschiedener Werbekanäle können Affiliates ihre Einnahmen maximieren und langfristigen Erfolg im Affiliate-Marketing erzielen. Mit der richtigen Strategie, kontinuierlichem Engagement und einer klaren Ausrichtung auf die Bedürfnisse Ihrer Zielgruppe können Sie Ihre Affiliate-Marketing-Aktivitäten erfolgreich ausbauen und ein nachhaltiges passives Einkommen aufbauen.

Um eine erfolgreiche Nischenwebsite zu erstellen, ist es wichtig, einen fundierten Plan für die Recherche und den Aufbau zu haben. Diese Art von Website konzentriert sich auf spezifische Themen oder Bedürfnisse einer Zielgruppe, um relevante Inhalte anzubieten und potenzielle Einnahmequellen zu erschließen. Dieser Artikel bietet einen umfassenden Überblick über die Schritte und Strategien für die Erstellung einer Nischenwebsite.

Einführung in Nischenwebsites

Nischenwebsites sind spezialisierte Websites, die auf ein eng umrissenes Thema oder eine spezifische Zielgruppe ausgerichtet sind. Im Gegensatz zu breit gefassten Websites decken Nischenwebsites ein bestimmtes Interessengebiet ab, um gezielte Inhalte anzubieten und eine engagierte Leserschaft anzusprechen. Durch die Fokussierung auf eine Nische können Website-Betreiber ihre Autorität in diesem Bereich stärken und potenziell höhere Conversion-Raten erzielen.

Vorteile von Nischenwebsites

1. **Geringere Wettbewerbsintensität:** Nischenmärkte sind oft weniger umkämpft als breitere Märkte, was es einfacher macht, sich als Experte zu positionieren und in Suchmaschinen besser gefunden zu werden.

2. **Bessere Zielgruppenansprache:** Durch die Konzentration auf spezifische Interessen oder Bedürfnisse können Nischenwebsites gezieltere Inhalte bereitstellen und die Bindung zur Zielgruppe erhöhen.

3. **Monetarisierungsmöglichkeiten:** Nischenwebsites bieten Möglichkeiten zur Monetarisierung durch Affiliate-Marketing, Anzeigen, digitale Produkte oder Mitgliedschaften, da sie eine spezifische Zielgruppe ansprechen, die bereit ist, für relevante Angebote zu zahlen.

Schritte zur Erstellung einer Nischenwebsite

1. Markt- und Nischenrecherche

Bevor Sie mit dem Bau Ihrer Nischenwebsite beginnen, ist eine gründliche Recherche entscheidend, um das Potenzial Ihrer Nische zu verstehen und die richtige Strategie zu entwickeln.

- **Identifizieren Sie Ihre Zielgruppe:** Definieren Sie klar, wer Ihre Zielgruppe ist, welche Bedürfnisse sie hat und welche Probleme sie lösen möchte.

- **Wettbewerbsanalyse:** Untersuchen Sie bestehende Websites in Ihrer Nische, um zu verstehen, welche Inhalte erfolgreich sind, welche Keywords sie verwenden und wie sie ihren Traffic generieren.

- **Keyword-Recherche:** Verwenden Sie Tools wie Google Keyword Planner, Ahrefs oder SEMrush, um relevante Keywords mit hohem Suchvolumen und geringer Wettbewerbsintensität zu identifizieren.

- **Nachfrageanalyse:** Bewertung der Nachfrage nach Produkten oder Dienstleistungen in Ihrer Nische durch Umfragen, Foren oder soziale Medien, um Trends und Bedürfnisse Ihrer Zielgruppe zu verstehen.

2. Domain- und Hostingauswahl

- **Wählen Sie eine relevante Domain:** Wählen Sie eine Domain, die Ihr Nischenthema widerspiegelt und leicht zu merken ist. Idealerweise sollte sie Keywords enthalten, die für Ihre Zielgruppe relevant sind.

- **Hosting-Provider auswählen:** Wählen Sie einen Hosting-Anbieter, der zuverlässige Serverleistung bietet und Skalierbarkeit für zukünftiges Wachstum ermöglicht.

3. Erstellen Sie hochwertige Inhalte

- **Content-Strategie entwickeln:** Entwickeln Sie eine Content-Strategie, die relevante Themen und Keywords umfasst, um die Interessen Ihrer Zielgruppe zu bedienen.

- **SEO-optimierte Inhalte:** Erstellen Sie Inhalte, die für Suchmaschinen optimiert sind, indem Sie relevante Keywords verwenden, Meta-Tags optimieren und einen klaren, strukturierten Aufbau bieten.

- **Vielfalt der Inhalte:** Erstellen Sie verschiedene Arten von Inhalten wie Blog-Posts, Anleitungen, Produktbewertungen, Fallstudien, Interviews oder Videos, um die Engagement-Raten zu erhöhen und verschiedene Lernstile anzusprechen.

4. Nutzen Sie Social Media und Netzwerkaufbau

- **Social Media Präsenz aufbauen:** Nutzen Sie Plattformen wie Facebook, Instagram, Twitter oder LinkedIn, um Ihre Inhalte zu teilen, Ihre Reichweite zu vergrößern und eine Community aufzubauen.

- **Netzwerkaufbau:** Engagieren Sie sich in Foren, Gruppen oder Online-Communities, die sich mit Ihrer Nische beschäftigen, um Ihr Fachwissen zu zeigen und potenzielle Leser anzuziehen.

5. Monetarisierungsmöglichkeiten

- **Affiliate-Marketing:** Integrieren Sie Affiliate-Links in Ihre Inhalte, um Provisionen für Produkte oder Dienstleistungen zu verdienen, die Sie empfehlen.

- **Anzeigen:** Schalten Sie kontextbezogene Anzeigen wie Google AdSense, um Einnahmen basierend auf Klicks oder Impressions zu generieren.

- **Digitale Produkte:** Erstellen und verkaufen Sie digitale Produkte wie E-Books, Online-Kurse oder Software, die auf die Bedürfnisse Ihrer Zielgruppe zugeschnitten sind.

- **Mitgliedschaften:** Bieten Sie Premium-Inhalte oder exklusive Mitgliedschaften an, um wiederkehrende Einnahmen von engagierten Lesern zu generieren.

6. Analyse und Optimierung

- **Verwenden Sie Analysetools:** Verwenden Sie Tools wie Google Analytics, um den Traffic Ihrer Website zu überwachen, das Nutzerverhalten zu verstehen und Verbesserungsmöglichkeiten zu identifizieren.

- **Conversion-Optimierung:** Testen und optimieren Sie Ihre Inhalte, Call-to-Actions und Landing Pages, um die Conversion-Raten zu verbessern und Ihre Einnahmen zu steigern.

Rechtliche Aspekte und Datenschutz

- **Datenschutzrichtlinien:** Implementieren Sie Datenschutzrichtlinien und Cookie-Hinweise, um die Einhaltung der Datenschutzbestimmungen sicherzustellen und das Vertrauen Ihrer Leser zu stärken.

- **Urheberrecht:** Respektieren Sie das Urheberrecht und verwenden Sie nur lizenzierte Bilder, Grafiken oder Inhalte auf Ihrer Website, um rechtliche Probleme zu vermeiden.

Herausforderungen bei der Erstellung von Nischenwebsites

1. **Wettbewerb und Sättigung:** Einige Nischen können bereits gesättigt sein, was es schwierig macht, sich von der Konkurrenz abzuheben und organischen Traffic zu gewinnen.

2. **Langfristige Inhaltsstrategie:** Die kontinuierliche Erstellung hochwertiger Inhalte erfordert Zeit, Ressourcen und eine klare strategische Ausrichtung, um langfristig erfolgreich zu sein.

3. **Technische Fähigkeiten:** Erfordert grundlegende technische Fähigkeiten wie Webdesign, SEO und Content-Management-Systeme (CMS), um eine effektive Nischenwebsite zu erstellen und zu betreiben.

4. **Monetarisierungsstrategien:** Erfordert eine ausgewogene Monetarisierungsstrategie, um eine nachhaltige Einnahmequelle aus der Nischenwebsite zu entwickeln und zu optimieren.

Tipps für den Erfolg bei Nischenwebsites

1. **Seien Sie geduldig und konsistent:** Der Aufbau einer erfolgreichen Nischenwebsite erfordert Zeit und Ausdauer. Bleiben Sie konsistent in Ihrer Content-Erstellung und Marketing-Bemühungen.

2. **Verstehen Sie Ihre Zielgruppe:** Vertiefen Sie Ihr Verständnis für die Bedürfnisse, Interessen und Probleme Ihrer Zielgruppe, um Inhalte zu erstellen, die Mehrwert bieten und Engagement fördern.

3. **Bleiben Sie auf dem Laufenden:** Verfolgen Sie Trends, Veränderungen in Ihrer Nische und neue Technologien, um Ihre Website kontinuierlich zu optimieren und anzupassen.

4. **Investieren Sie in Ihre Bildung:** Nehmen Sie an Schulungen, Webinaren oder Konferenzen teil, um Ihre Fähigkeiten in den Bereichen SEO, Content-Marketing und Monetarisierung zu verbessern.

Fazit

Nischenwebsites bieten eine effektive Möglichkeit, online Geld zu verdienen, indem sie spezialisierte Inhalte für eine engagierte Zielgruppe bereitstellen und verschiedene Monetarisierungsstrategien nutzen. Durch die strategische Planung, kontinuierliche Content-Erstellung und gezielte Marketing-Bemühungen können Nischenwebsite-Betreiber ihre Reichweite ausbauen, Autorität aufbauen und langfristige Einnahmen generieren. Mit einem klaren Verständnis für Ihre Zielgruppe, eine effektive SEO-Strategie und die Nutzung geeigneter Monetarisierungswege können Sie Ihre Nischenwebsite erfolgreich entwickeln und das Potenzial des Online-Marketings ausschöpfen.

E-Mail-Marketing ist eine der effektivsten Methoden für Affiliates, um langfristige Beziehungen zu ihrer Zielgruppe aufzubauen und Einnahmen durch Affiliate-Links zu generieren. Dieser Artikel wird sich auf den Aufbau und die Pflege von E-Mail-Listen konzentrieren, um erfolgreiche E-Mail-Marketing-Kampagnen für Affiliates zu unterstützen.

Einführung in E-Mail-Marketing für Affiliates

E-Mail-Marketing ist ein direkter Kanal, um mit Ihrem Publikum in Kontakt zu treten und es über relevante Produkte oder Dienstleistungen zu informieren, die Sie als Affiliate bewerben. Es ermöglicht Ihnen nicht nur, regelmäßig wertvolle Inhalte zu liefern, sondern auch Ihre Affiliate-Links zu integrieren, um Einnahmen zu erzielen.

Vorteile von E-Mail-Marketing für Affiliates

1. **Direkter Zugang zur Zielgruppe:** E-Mails erreichen direkt die Posteingänge Ihrer Abonnenten, was Ihnen ermöglicht, Ihre Botschaft direkt an Ihre Zielgruppe zu kommunizieren.

2. **Aufbau von Vertrauen und Glaubwürdigkeit:** Durch regelmäßige und nützliche Inhalte können Sie das Vertrauen Ihrer Abonnenten gewinnen, was zu höheren Conversion-Raten führen kann, wenn Sie Produkte oder Dienstleistungen empfehlen.

3. **Skalierbarkeit und Automatisierung:** E-Mail-Marketing-Plattformen bieten Tools zur Automatisierung von Kampagnen, Segmentierung von Listen und Messung von Ergebnissen, was Ihnen hilft, Ihre Kampagnen effizient zu verwalten und zu optimieren.

Aufbau einer E-Mail-Liste als Affiliate

1. Auswahl einer E-Mail-Marketing-Plattform

- **Plattformauswahl:** Wählen Sie eine E-Mail-Marketing-Plattform wie Mailchimp, ConvertKit, AWeber oder GetResponse, die Ihre Anforderungen an Automatisierung, Segmentierung und Berichterstattung erfüllt.

- **Integration mit Affiliate-Links:** Stellen Sie sicher, dass die Plattform die Integration von Affiliate-Links unterstützt, damit Sie diese nahtlos in Ihre E-Mails einbinden können.

2. Erstellung eines Lead-Magneten

- **Lead-Magnet entwickeln:** Bieten Sie einen kostenlosen Download, ein E-Book, eine Checkliste oder ein Webinar an, um Besucher Ihrer Website dazu zu bringen, sich für Ihre E-Mail-Liste anzumelden.

- **Opt-in-Formular:** Platzieren Sie ein gut sichtbares Opt-in-Formular auf Ihrer Website oder Ihrem Blog, das klar beschreibt, welchen Wert Ihre Abonnenten erhalten werden.

3. Generierung von Traffic und Abonnenten

- **Content-Marketing:** Erstellen Sie hochwertige Inhalte, die Ihre Zielgruppe ansprechen und optimieren Sie sie für Suchmaschinen, um organischen Traffic zu generieren.

- **Social Media:** Teilen Sie Ihre Lead-Magneten und Optimierungsformulare auf Ihren Social-Media-Plattformen, um die Reichweite zu erhöhen und neue Abonnenten zu gewinnen.

- **Gastbeiträge und Kooperationen:** Schreiben Sie Gastbeiträge für relevante Blogs oder kooperieren Sie mit anderen Influencern oder Website-Betreibern, um Ihre Reichweite zu erweitern und neue Abonnenten zu gewinnen.

4. Segmentierung und Zielgruppenanpassung

- **Segmentierung Ihrer Liste:** Teilen Sie Ihre Abonnenten in verschiedene Segmente auf, basierend auf Interessen, Kaufhistorie oder demografischen Daten, um gezielte E-Mails zu senden, die relevante Angebote enthalten.

- **Personalisierung:** Personalisieren Sie Ihre E-Mails mit dem Namen des Abonnenten und bieten Sie Inhalte an, die auf deren spezifische Interessen und Bedürfnisse zugeschnitten sind.

5. Erstellung und Versand von E-Mail-Kampagnen

- **Content-Strategie entwickeln:** Entwickeln Sie eine Content-Strategie für Ihre E-Mail-Kampagnen, die sowohl informative Inhalte als auch gelegentliche Affiliate-Angebote umfasst.

- **Affiliate-Links integrieren:** Integrieren Sie Affiliate-Links in Ihre E-Mails, indem Sie natürliche Calls-to-Action erstellen, die den Mehrwert des beworbenen Produkts oder der Dienstleistung hervorheben.

- **Regelmäßigkeit und Timing:** Planen Sie regelmäßige E-Mail-Kampagnen und automatisierte Follow-ups, um eine konsistente Kommunikation mit Ihren Abonnenten sicherzustellen, ohne sie zu überlasten.

Pflege und Engagement Ihrer E-Mail-Liste

1. Inhalte von hoher Qualität bereitstellen

- **Nützliche und relevante Inhalte:** Liefern Sie regelmäßig wertvolle Inhalte, die die Interessen und Bedürfnisse Ihrer Abonnenten ansprechen und ihnen Mehrwert bieten.

- **Content-Kalender:** Erstellen Sie einen Content-Kalender, um Ihre E-Mail-Kampagnen im Voraus zu planen und sicherzustellen, dass Sie konsistent relevante Inhalte bereitstellen.

2. Interaktion und Engagement fördern

- **Fragen stellen:** Ermutigen Sie Ihre Abonnenten, Fragen zu stellen oder Feedback zu geben, um eine Interaktion zu fördern und eine Community um Ihre Marke herum aufzubauen.

- **Umfragen und Abstimmungen:** Führen Sie Umfragen oder Abstimmungen durch, um das Feedback Ihrer Abonnenten zu sammeln und deren Interessen besser zu verstehen.

3. Beziehung aufbauen und Vertrauen gewinnen

- **Konsistente Markenstimme:** Entwickeln Sie eine konsistente Markenstimme und einen Stil, der Ihre Werte und Ihre Persönlichkeit widerspiegelt, um das Vertrauen Ihrer Abonnenten zu stärken.

- **Kundenbewertungen und Testimonials:** Teilen Sie Kundenbewertungen oder Testimonials, um das Vertrauen in die von Ihnen beworbenen Produkte oder Dienstleistungen zu stärken.

4. Automatisierung und Optimierung

- **Automatisierte Follow-up-Sequenzen:** Richten Sie automatisierte Follow-up-Sequenzen ein, um neue Abonnenten zu begrüßen, sie über Ihr Unternehmen zu informieren und ihnen nützliche Inhalte anzubieten.

- **A/B-Tests durchführen:** Testen Sie verschiedene Betreffzeilen, Inhalte oder Call-to-Actions, um die Öffnungs- und Klickraten Ihrer E-Mails zu verbessern und die Conversion-Raten zu steigern.

Monetarisierung durch E-Mail-Marketing als Affiliate

1. Affiliate-Produkte und Dienstleistungen bewerben

- **Relevante Angebote:** Bewerben Sie Produkte oder Dienstleistungen, die zu den Interessen und Bedürfnissen Ihrer Abonnenten passen, um die Conversion-Raten zu maximieren.

- **Affiliate-Links verwenden:** Integrieren Sie Affiliate-Links in Ihre E-Mails und verwenden Sie klare Call-to-Actions, die Ihre Abonnenten zum Handeln anregen.

2. E-Mail-Marketing als Teil einer umfassenden Affiliate-Strategie nutzen

- **Integration mit anderen Kanälen:** Nutzen Sie E-Mail-Marketing als Teil Ihrer Gesamtstrategie für Affiliate-Marketing, indem Sie es mit Social Media, Content-Marketing und SEO kombinieren.

- **Tracking und Analysen:** Verwenden Sie Tracking-Tools und Analysen, um die Leistung Ihrer E-Mail-Kampagnen zu überwachen, Conversion-Raten zu messen und Optimierungsmöglichkeiten zu identifizieren.

Rechtliche Aspekte und Best Practices

- **Einhaltung von Datenschutzrichtlinien:** Befolgen Sie die Datenschutzgesetze wie die DSGVO, indem Sie klare Opt-in-Verfahren implementieren und die Zustimmung Ihrer Abonnenten zur Verwendung ihrer Daten einholen.

- **Affiliate-Offenlegung:** Offenlegen Sie klar, wenn Sie Affiliate-Links in Ihren E-Mails verwenden, um die Transparenz gegenüber Ihren Abonnenten zu wahren.

Herausforderungen im E-Mail-Marketing für Affiliates

1. **Spam-Gesetze und Best Practices:** Vermeiden Sie Spam und halten Sie sich an die Spam-Gesetze, um die Zustellbarkeit Ihrer E-Mails zu gewährleisten und rechtliche Probleme zu vermeiden.

2. **E-Mail-Engagement:** Gewinnen Sie die Aufmerksamkeit Ihrer Abonnenten und fördern Sie eine hohe Öffnungs- und Klickraten durch ansprechende Betreffzeilen und relevanten Inhalt.

3. **Liste bereinigen:** Überwachen Sie regelmäßig Ihre E-Mail-Liste, um inaktive Abonnenten zu entfernen und die Engagement-Raten zu verbessern.

Tipps für den Erfolg bei E-Mail-Marketing für Affiliates

1. **Kundenzentrierter Ansatz:** Konzentrieren Sie sich auf die Bedürfnisse und Interessen Ihrer Abonnenten, um relevante Inhalte und Angebote anzubieten.

2. **Testen und Optimieren:** Führen Sie regelmäßig Tests durch, um die Leistung Ihrer E-Mails zu verbessern und Ihre Affiliate-Einnahmen zu maximieren.

3. **Langfristige Beziehungen aufbauen:** Pflegen Sie langfristige Beziehungen zu Ihren Abonnenten, indem Sie kontinuierlich Mehrwert bieten und Vertrauen aufbauen.

Fazit

E-Mail-Marketing ist eine leistungsstarke Methode für Affiliates, um mit ihrer Zielgruppe in Kontakt zu treten, Vertrauen aufzubauen und Einnahmen durch Affiliate-Links zu generieren. Durch den Aufbau und die Pflege einer qualitativ hochwertigen E-Mail-Liste, die Bereitstellung relevanter Inhalte und die strategische Nutzung von Affiliate-Links können Affiliates ihre E-Mail-Marketing-Kampagnen optimieren und langfristig erfolgreich sein. Mit einer klaren Strategie, der richtigen Plattform und einer kundenorientierten Herangehensweise können Affiliates das volle Potenzial des E-Mail-Marketings ausschöpfen und ihre Online-Marketing-Bemühungen effektiv unterstützen.

Content-Marketing und SEO (Search Engine Optimization) sind zwei eng miteinander verbundene Strategien, die zusammen verwendet werden, um hochwertige Inhalte zu erstellen und sie für Suchmaschinen zu optimieren. Dieser Artikel wird sich auf die Bedeutung von Content-Marketing und SEO konzentrieren, wie man Inhalte erstellt und optimiert, um die Sichtbarkeit in Suchmaschinen zu verbessern und qualifizierten Traffic anzuziehen.

Einführung in Content-Marketing und SEO

Content-Marketing ist eine Marketingstrategie, die darauf abzielt, wertvolle und relevante Inhalte zu erstellen, um eine definierte Zielgruppe anzuziehen, zu informieren und zu binden. SEO ist ein Teil davon und umfasst Techniken zur Optimierung von Webseiten und Inhalten, um organischen Traffic von Suchmaschinen wie Google zu gewinnen.

Warum ist Content-Marketing wichtig?

1. **Kundengewinnung und Bindung:** Durch die Bereitstellung nützlicher Inhalte können Unternehmen das Vertrauen potenzieller Kunden gewinnen und langfristige Beziehungen aufbauen.

2. **SEO-Vorteile:** Hochwertige Inhalte verbessern die Sichtbarkeit in Suchmaschinen, was zu mehr organischen Besuchern führt und die Online-Präsenz stärkt.

3. **Markenbekanntheit:** Regelmäßige Veröffentlichung von Inhalten hilft dabei, die Marke als Autorität in ihrer Branche zu etablieren und die Markenbekanntheit zu steigern.

Schritte zum Erstellen und Optimieren von Inhalten für SEO

1. Zielgruppenanalyse und Keyword-Recherche

- **Definieren Sie Ihre Zielgruppe:** Verstehen Sie die Interessen, Bedürfnisse und Probleme Ihrer Zielgruppe, um Inhalte zu erstellen, die diese ansprechen.

- **Keyword-Recherche:** Verwenden Sie Tools wie Google Keyword Planner, Ahrefs oder SEMrush, um relevante Keywords zu identifizieren, die ein hohes Suchvolumen und geringen Wettbewerb haben.

2. Content-Erstellung

- **Erstellen Sie hochwertige Inhalte:** Schreiben Sie Inhalte, die informativ, nützlich und einzigartig sind, um Mehrwert für Ihre Leser zu bieten.

- **SEO-optimierte Struktur:** Verwenden Sie eine klare und hierarchische Struktur für Ihre Inhalte mit Überschriften (H1, H2, H3), um den Lesefluss zu verbessern und Suchmaschinen zu helfen, den Inhalt zu verstehen.

- **Keyword-Integration:** Integrieren Sie Ihre Haupt- und Nebenkeywords natürlich in den Titel, die Überschriften und den Text, ohne dabei zu überoptimieren.

3. Optimierung technischer Aspekte

- **Ladezeiten optimieren:** Stellen Sie sicher, dass Ihre Webseite schnell lädt, da dies ein wichtiger Faktor für SEO und Benutzererfahrung ist.

- **Mobile Optimierung:** Stellen Sie sicher, dass Ihre Inhalte für mobile Geräte optimiert sind, da viele Nutzer über Smartphones auf das Internet zugreifen.

- **SSL-Zertifikat:** Implementieren Sie ein SSL-Zertifikat, um die Sicherheit der Webseite zu verbessern und das Vertrauen der Nutzer zu stärken.

4. Content-Promotion

- **Social Media:** Teilen Sie Ihre Inhalte auf verschiedenen Social-Media-Plattformen, um die Reichweite zu erhöhen und Backlinks zu generieren.

- **E-Mail-Marketing:** Nutzen Sie Ihre E-Mail-Liste, um Ihre neuen Inhalte zu promoten und das Engagement zu fördern.

- **Gastbeiträge:** Schreiben Sie Gastbeiträge für andere Websites oder Blogs in Ihrer Branche, um Ihre Autorität zu stärken und qualitativ hochwertige Backlinks zu erhalten.

5. Analyse und Optimierung

- **Analytics nutzen:** Verwenden Sie Tools wie Google Analytics, um den Traffic auf Ihrer Webseite zu überwachen, das Nutzerverhalten zu analysieren und Optimierungsmöglichkeiten zu identifizieren.

- **Conversion-Raten optimieren:** Testen Sie verschiedene Call-to-Actions und Landing Pages, um die Conversion-Raten zu verbessern und das Engagement zu steigern.

Herausforderungen beim Content-Marketing und SEO

1. **Hoher Wettbewerb:** In vielen Branchen gibt es einen hohen Wettbewerb um relevante Keywords und Sichtbarkeit in Suchmaschinen.

2. **Langfristige Strategie:** Content-Marketing und SEO sind langfristige Strategien, die Zeit und kontinuierliche Anstrengungen erfordern, um Ergebnisse zu erzielen.

3. **Algorithmus-Änderungen:** Suchmaschinen-Algorithmen ändern sich kontinuierlich, was regelmäßige Anpassungen und Aktualisierungen Ihrer SEO-Strategie erfordert.

Best Practices für erfolgreiches Content-Marketing und SEO

1. **Qualität vor Quantität:** Konzentrieren Sie sich auf die Erstellung hochwertiger Inhalte, die einen echten Mehrwert für Ihre Zielgruppe bieten.

2. **Regelmäßige Aktualisierungen:** Aktualisieren Sie ältere Inhalte regelmäßig, um sie aktuell zu halten und ihre Sichtbarkeit in Suchmaschinen zu verbessern.

3. **Multimediale Inhalte:** Integrieren Sie verschiedene Formate wie Videos, Infografiken oder Podcasts, um verschiedene Lernstile anzusprechen und das Engagement zu erhöhen.

4. **Benutzererfahrung optimieren:** Stellen Sie sicher, dass Ihre Webseite benutzerfreundlich ist, um Besucher länger auf Ihrer Seite zu halten und die Absprungrate zu reduzieren.

Zukunft des Content-Marketings und SEO

Die Bedeutung von hochwertigem Content-Marketing und effektiver SEO wird auch in Zukunft zunehmen, da Unternehmen weiterhin nach Möglichkeiten suchen werden, organischen Traffic zu gewinnen und langfristige Beziehungen zu Kunden aufzubauen. Durch die richtige Strategie, kontinuierliche Optimierung und die Integration neuer Technologien können Unternehmen ihre Sichtbarkeit in Suchmaschinen verbessern und den Erfolg ihrer Online-Marketing-Bemühungen maximieren.

Fazit

Content-Marketing und SEO sind unverzichtbare Strategien für Unternehmen, um online sichtbar zu sein, qualifizierten Traffic anzuziehen und langfristige Kundenbeziehungen aufzubauen. Durch die Erstellung hochwertiger Inhalte, die Optimierung für Suchmaschinen und kontinuierliche Analyse und Optimierung können Unternehmen ihre Online-Präsenz stärken und langfristigen Erfolg im digitalen Raum erreichen. Mit einer klaren Strategie, kreativem Ansatz und Engagement für Qualität können Unternehmen ihre Content-Marketing- und SEO-Bemühungen erfolgreich steuern und die Chancen des digitalen Marktes optimal nutzen.

Um mit einem Blog Geld zu verdienen, bedarf es einer durchdachten Monetarisierungsstrategie und gezielter Traffic-Strategien. In diesem Artikel werden wir uns darauf konzentrieren, wie man einen Blog erfolgreich monetarisiert und Traffic generiert, um Einnahmen zu maximieren.

Einführung ins Blogging als Geschäftsmodell

Blogging hat sich zu einer lukrativen Einnahmequelle entwickelt, da immer mehr Menschen Informationen online suchen und sich mit spezifischen Themen beschäftigen. Ein Blog bietet die Möglichkeit, Fachwissen zu teilen, eine Community aufzubauen und durch verschiedene Monetarisierungsstrategien Einnahmen zu erzielen.

Warum ist Blogging eine attraktive Möglichkeit, Geld zu verdienen?

1. **Skalierbarkeit:** Einmal erstellte Inhalte können langfristig Traffic und Einnahmen generieren, ohne dass kontinuierliche direkte Arbeit erforderlich ist.

2. **Niedrige Einstiegskosten:** Im Vergleich zu traditionellen Geschäftsmodellen erfordert Blogging relativ geringe Investitionen in Technologie und Infrastruktur.

3. **Globale Reichweite:** Blogs können weltweit gelesen werden, was die Möglichkeit bietet, ein internationales Publikum anzusprechen und zu monetarisieren.

Monetarisierungsstrategien für Blogs

1. Anzeigennetzwerke und PPC (Pay-per-Click)

- **Google AdSense:** Integrieren Sie Anzeigen von Google AdSense in Ihre Blog-Posts, um durch Klicks und Impressionen Einnahmen zu erzielen.

- **Media.net:** Ein weiteres beliebtes Anzeigennetzwerk, das kontextbezogene Anzeigen bereitstellt und Bloggern eine zusätzliche Einnahmequelle bietet.

2. Affiliate-Marketing

- **Produktbewertungen und Empfehlungen:** Bewerben Sie Produkte oder Dienstleistungen anderer Unternehmen über Affiliate-Links und verdienen Sie Provisionen für jeden vermittelten Verkauf.

- **Affiliate-Netzwerke:** Treten Sie Affiliate-Netzwerken wie Amazon Associates, ShareASale oder CJ Affiliate bei, um Zugang zu einer Vielzahl von Affiliate-Programmen zu erhalten.

3. Eigenes Produkt oder Dienstleistung

- **Digitale Produkte:** Erstellen und verkaufen Sie digitale Produkte wie E-Books, Online-Kurse, Webinare oder Software, die Ihr Fachwissen und Ihre Expertise widerspiegeln.

- **Physische Produkte:** Wenn Ihr Blog ein bestimmtes Nischenpublikum hat, können Sie physische Produkte erstellen oder verkaufen, die auf die Bedürfnisse Ihrer Leser zugeschnitten sind.

4. Mitgliedschaft und Premium-Inhalte

- **Mitgliedschaftsseiten:** Bieten Sie exklusiven Zugang zu Premium-Inhalten, Webinaren oder Community-Foren gegen eine monatliche oder jährliche Gebühr an.

- **Patreon:** Plattformen wie Patreon ermöglichen es Lesern, Bloggern regelmäßig finanzielle Unterstützung zu bieten und exklusive Inhalte zu erhalten.

5. Sponsored Posts und Partnerschaften

- **Gesponserte Beiträge:** Arbeiten Sie mit Unternehmen zusammen, um gesponserte Beiträge zu erstellen, die deren Produkte oder Dienstleistungen bewerben, und verdienen Sie Einnahmen für Ihre Werbung.

- **Markenpartnerschaften:** Schließen Sie langfristige Partnerschaften mit Marken ab, um regelmäßig über ihre Produkte oder Dienstleistungen zu berichten und eine loyale Leserschaft aufzubauen.

Traffic-Strategien für Blogs

1. Suchmaschinenoptimierung (SEO)

- **Keyword-Recherche:** Identifizieren Sie relevante Keywords mit hoher Nachfrage und niedrigem Wettbewerb, um Inhalte zu erstellen, die organischen Traffic anziehen.

- **On-Page-SEO:** Optimieren Sie Ihre Blog-Posts mit relevanten Keywords, Meta-Beschreibungen, Alt-Texten für Bilder und einer klaren hierarchischen Struktur.

- **Off-Page-SEO:** Generieren Sie Backlinks von hochwertigen Websites und fördern Sie die Verbreitung Ihrer Inhalte über soziale Medien und andere Kanäle.

2. Content-Marketing

- **Hochwertige Inhalte:** Erstellen Sie regelmäßig Inhalte von hoher Qualität, die informativ, unterhaltsam oder problemlösend sind, um Leser anzuziehen und zu binden.

- **Multimediale Inhalte:** Integrieren Sie verschiedene Formate wie Videos, Infografiken oder Podcasts, um verschiedene Lernstile anzusprechen und das Engagement zu erhöhen.

3. Social Media Marketing

- **Plattformauswahl:** Identifizieren Sie die relevanten Social-Media-Plattformen, auf denen sich Ihre Zielgruppe befindet, und teilen Sie Ihre Blog-Inhalte regelmäßig, um die Reichweite zu erhöhen.

- **Interaktion und Engagement:** Fördern Sie Diskussionen, beantworten Sie Kommentare und nutzen Sie Social-Media-Tools wie Umfragen oder Live-Streams, um das Engagement Ihrer Leser zu fördern.

4. E-Mail-Marketing

- **Aufbau einer E-Mail-Liste:** Erstellen Sie Lead-Magneten wie E-Books oder Checklisten, um Besucher dazu zu bringen, sich für Ihre E-Mail-Liste anzumelden, und senden Sie regelmäßig nützliche Inhalte und Blog-Updates.

- **Automatisierung:** Richten Sie automatisierte E-Mail-Sequenzen ein, um neue Abonnenten zu begrüßen, sie über Ihre besten Blog-Inhalte zu informieren und gelegentlich Produkte oder Dienstleistungen zu bewerben.

Herausforderungen beim Blogging und deren Bewältigung

1. **Langfristige Engagement:** Kontinuierliche Inhaltsproduktion und Interaktion mit Lesern erfordern Engagement und Ausdauer.

2. **Wettbewerb:** In vielen Branchen gibt es einen hohen Wettbewerb um Aufmerksamkeit und Traffic, was eine gezielte Marketingstrategie erfordert.

3. **Monetarisierungsbarrieren:** Die Monetarisierung eines Blogs erfordert oft Zeit und einen etablierten Leserstamm, bevor signifikante Einnahmen erzielt werden können.

Best Practices für erfolgreiches Blogging

1. **Nische identifizieren:** Fokussieren Sie sich auf eine spezifische Nische oder Thema, um eine treue Leserschaft aufzubauen und sich als Experte in Ihrem Bereich zu etablieren.

2. **Konsistenz und Qualität:** Veröffentlichen Sie regelmäßig hochwertige Inhalte, um das Interesse Ihrer Leser aufrechtzuerhalten und die Sichtbarkeit in Suchmaschinen zu verbessern.

3. **Leserorientierung:** Denken Sie immer daran, dass Ihre Leser an erster Stelle stehen sollten. Bieten Sie ihnen wertvolle Informationen, die ihre Bedürfnisse und Probleme adressieren.

Zukunft des Blogging als Einnahmequelle

Blogging bleibt eine robuste Einnahmequelle für kreative Individuen und Unternehmen, die Wert auf Content-Marketing und Online-Präsenz legen. Mit der richtigen Strategie, regelmäßigen Anpassungen an Trends und Technologien sowie einer starken Verbindung zu Ihrer Zielgruppe können Sie mit Ihrem Blog langfristig erfolgreich sein und eine nachhaltige Einnahmequelle aufbauen.

Fazit

Blogging bietet zahlreiche Möglichkeiten, Geld zu verdienen, indem man wertvolle Inhalte erstellt, eine engagierte Leserschaft aufbaut und gezielte Monetarisierungsstrategien implementiert. Durch die Kombination von Anzeigennetzwerken, Affiliate-Marketing, eigenen Produkten und Dienstleistungen sowie Mitgliedschaftsoptionen können Blogger ihre Einnahmen diversifizieren und ihre finanziellen Ziele erreichen. Mit einer klaren Strategie, kontinuierlicher Inhaltsproduktion und einer engen Interaktion mit Ihrer Community können Sie Ihren Blog zu einer erfolgreichen Einnahmequelle machen und das Potenzial des Bloggings voll ausschöpfen.

Um mit YouTube Geld zu verdienen, ist eine durchdachte Monetarisierungsstrategie und ein gezieltes Wachstum erforderlich. In diesem Artikel werden wir uns darauf konzentrieren, wie man erfolgreich Videos erstellt, monetarisiert und das Wachstum seines YouTube-Kanals fördert, um Einnahmen zu maximieren.

Einführung in YouTube als Plattform für Einnahmen

YouTube hat sich zu einer der größten Plattformen für Videoinhalte entwickelt und bietet sowohl individuellen Content-Erstellern als auch Unternehmen die Möglichkeit, ein Publikum anzusprechen und zu monetarisieren. Mit über einer Milliarde Stunden Videoabrufen täglich bietet YouTube eine breite Reichweite für verschiedenste Inhalte.

Warum ist YouTube eine attraktive Plattform für Einnahmen?

1. **Globale Reichweite:** Videos können weltweit angesehen werden, was eine große potenzielle Zielgruppe für Inhalte und Werbung bedeutet.

2. **Vielfältige Monetarisierungsoptionen:** Neben Werbeanzeigen bietet YouTube weitere Möglichkeiten zur Monetarisierung, wie z.B. Merchandise-Verkäufe, Mitgliedschaften und Sponsoring.

3. **Kreative Freiheit:** Content-Ersteller haben die Möglichkeit, ihre Leidenschaften und Interessen zu verfolgen und gleichzeitig Einnahmen zu erzielen, ohne die traditionellen Barrieren der Medienproduktion.

Monetarisierungsstrategien für YouTube

1. Werbeanzeigen durch Google AdSense

- **AdSense-Partnerschaft:** Schließen Sie sich dem YouTube-Partnerprogramm an und aktivieren Sie die Monetarisierung Ihrer Videos durch Anzeigen, die vor, während oder nach Ihren Videos geschaltet werden.

- **Anzeigenplatzierung optimieren:** Platzieren Sie Anzeigen an strategischen Stellen, um die Klickrate zu maximieren, ohne die Benutzererfahrung zu beeinträchtigen.

2. Affiliate-Marketing

- **Produktbewertungen und Empfehlungen:** Bewerben Sie Produkte oder Dienstleistungen in Ihren Videos über Affiliate-Links und verdienen Sie Provisionen für jeden vermittelten Verkauf.

- **Affiliate-Links in der Beschreibung:** Fügen Sie Affiliate-Links direkt unterhalb Ihrer Videos hinzu, um die Klickrate zu erhöhen und zusätzliche Einnahmen zu generieren.

3. Verkauf von Merchandise

- **Eigenes Merchandise:** Erstellen und verkaufen Sie physische Produkte wie T-Shirts, Tassen oder Poster, die mit Ihrem Kanal oder Ihren Videos in Verbindung stehen.

- **Plattformen für Merchandise:** Nutzen Sie Plattformen wie Teespring oder Spreadshirt, um Ihre Merchandise-Produkte zu erstellen, zu vermarkten und zu verkaufen.

4. Mitgliedschaften und exklusive Inhalte

- **Kanalmitgliedschaften:** Bieten Sie Ihren Zuschauern die Möglichkeit, Mitglied Ihres Kanals zu werden und exklusive Vorteile wie Emojis, Abzeichen oder Zugang zu speziellen Livestreams zu erhalten.

- **Patreon oder andere Plattformen:** Verwenden Sie Patreon oder ähnliche Plattformen, um monetäre Unterstützung von Ihren Fans zu erhalten und exklusive Inhalte anzubieten.

5. Sponsoring und Partnerschaften

- **Gesponserte Inhalte:** Arbeiten Sie mit Marken zusammen, um gesponserte Videos zu erstellen, die deren Produkte oder Dienstleistungen bewerben, und verdienen Sie Einnahmen für Ihre Werbung.

- **Langfristige Partnerschaften:** Bauen Sie langfristige Beziehungen zu Marken auf, die regelmäßig mit Ihnen zusammenarbeiten möchten, um Ihre Einnahmen stabil zu halten.

Wachstumsstrategien für YouTube-Kanäle

1. Inhaltsstrategie und Qualität

- **Zielgruppenorientierte Inhalte:** Produzieren Sie Inhalte, die Ihre Zielgruppe interessieren und ansprechen, um das Engagement zu steigern und Abonnenten zu gewinnen.

- **Regelmäßige Uploads:** Halten Sie einen konsistenten Upload-Zeitplan ein, um Ihre Zuschauer zu ermutigen, regelmäßig auf Ihren Kanal zurückzukehren und neue Inhalte zu entdecken.

2. Suchmaschinenoptimierung (SEO) für Videos

- **Keyword-Recherche:** Verwenden Sie Tools wie den YouTube Keyword Planner, um relevante Keywords zu identifizieren, die in Ihren Video-Titeln, Beschreibungen und Tags verwendet werden können.

- **Optimierte Metadaten:** Schreiben Sie aussagekräftige Video-Titel und Beschreibungen, die sowohl Benutzer als auch Suchmaschinen ansprechen, um die Sichtbarkeit Ihrer Videos zu verbessern.

3. Interaktion und Community-Management

- **Kommentare und Feedback:** Reagieren Sie auf Kommentare von Zuschauern, um eine aktive Community aufzubauen und das Engagement zu fördern.

- **Live-Interaktion:** Nutzen Sie Live-Streams, um direkt mit Ihren Zuschauern zu interagieren, Fragen zu beantworten und Feedback zu erhalten.

4. Social Media und Cross-Promotion

- **Plattformübergreifende Promotion:** Teilen Sie Ihre Videos auf verschiedenen Social-Media-Plattformen, um die Reichweite zu erhöhen und neue Zuschauer anzuziehen.

- **Kollaborationen:** Arbeiten Sie mit anderen YouTubern oder Influencern zusammen, um Ihre Reichweite zu erweitern und neue Abonnenten zu gewinnen.

Herausforderungen beim Aufbau eines profitablen YouTube-Kanals

1. **Wettbewerb:** Die Konkurrenz auf YouTube ist groß, was es schwierig machen kann, sich von anderen Kanälen abzuheben und Aufmerksamkeit zu erlangen.

2. **Monetarisierungsschwelle:** Um mit Werbeanzeigen Geld zu verdienen, muss Ihr Kanal eine bestimmte Anzahl von Abonnenten und Watch Hours erreichen, was Zeit und Engagement erfordert.

3. **Algorithmus-Änderungen:** YouTube-Algorithmen ändern sich regelmäßig, was Auswirkungen auf die Sichtbarkeit und das Wachstum Ihres Kanals haben kann.

Best Practices für erfolgreiches YouTube-Monetarisierung und Wachstum

1. **Nischenfokus:** Konzentrieren Sie sich auf eine spezifische Nische oder Themenbereich, um eine treue Zuschauerschaft aufzubauen und Ihre Expertise zu demonstrieren.

2. **Konsistenz und Engagement:** Bleiben Sie konsistent in der Veröffentlichung neuer Inhalte und im Engagement mit Ihrer Community, um das Vertrauen und die Loyalität Ihrer Zuschauer zu gewinnen.

3. **Diversifizierung der Einnahmequellen:** Nutzen Sie verschiedene Monetarisierungsstrategien, um Ihre Einnahmen zu diversifizieren und Ihre finanzielle Sicherheit zu erhöhen.

Zukunft von YouTube als Einnahmequelle

YouTube wird weiterhin eine wichtige Plattform für Content-Ersteller bleiben, um Einnahmen zu erzielen und ihre Leidenschaften zu verfolgen. Mit der richtigen Strategie, kontinuierlicher Anpassung an neue Trends und Technologien sowie einer starken Verbindung zu Ihrer Zielgruppe können Sie Ihren YouTube-Kanal erfolgreich monetarisieren und das Potenzial der Plattform voll ausschöpfen.

Fazit

YouTube bietet vielfältige Möglichkeiten, Geld zu verdienen, indem man qualitativ hochwertige Videos erstellt, eine engagierte Zuschauerschaft aufbaut und verschiedene Monetarisierungsstrategien implementiert. Durch die Kombination von Werbeanzeigen, Affiliate-Marketing, Merchandise-Verkäufen, Mitgliedschaften und Sponsoring können YouTuber ihre Einnahmen diversifizieren und ihre finanziellen Ziele erreichen. Mit einer klaren Strategie, regelmäßigen Inhaltsuploads und einer starken Community-Interaktion können Sie Ihren YouTube-Kanal zu einer erfolgreichen Einnahmequelle machen und das Potenzial der Plattform voll ausschöpfen.

Um mit Podcasting Geld zu verdienen, spielen Sponsoring und der Aufbau einer treuen Hörerbasis eine zentrale Rolle. In diesem Artikel werde ich darauf eingehen, wie man erfolgreich Podcasts erstellt, monetarisiert und das Wachstum seines Podcasts fördert, um Einnahmen zu maximieren.

Einführung ins Podcasting als Plattform für Einnahmen

Podcasting hat sich zu einer beliebten Methode entwickelt, um Inhalte zu teilen und ein Publikum anzusprechen. Im Vergleich zu anderen Medien bietet das Medium Podcasting eine persönlichere Verbindung zu den Zuhörern, die oft langanhaltender ist. Diese Eigenschaft macht es zu einer attraktiven Plattform für Content-Ersteller, um eine loyale Hörerschaft aufzubauen und verschiedene Monetarisierungsstrategien zu nutzen.

Warum ist Podcasting eine attraktive Plattform für Einnahmen?

1. **Intime Verbindung:** Podcasts ermöglichen es den Zuhörern, sich direkt mit den Inhalten und dem Host zu verbinden, was oft zu einer stärkeren Bindung und Loyalität führt.

2. **Wachsende Zuhörerschaft:** Die Popularität von Podcasts nimmt stetig zu, was eine wachsende Zielgruppe für Werbetreibende und Sponsoren bedeutet.

3. **Vielfältige Monetarisierungsoptionen:** Neben Sponsoring gibt es Möglichkeiten wie Mitgliedschaften, Spenden, Merchandise und exklusive Inhalte.

Monetarisierungsstrategien für Podcasts

1. Sponsoring und Werbung

- **Host-Read Ads:** Host-Read Ads sind Werbeanzeigen, die vom Podcaster selbst vorgelesen werden und oft persönlicher und effektiver sind.

- **Pre-Roll und Mid-Roll Ads:** Diese Anzeigen werden vor oder während des Podcasts abgespielt und bieten Werbetreibenden die Möglichkeit, ihre Produkte oder Dienstleistungen einem engagierten Publikum vorzustellen.

2. Mitgliedschaften und Spenden

- **Patreon oder ähnliche Plattformen:** Bieten Sie exklusive Inhalte oder Vorteile für zahlende Mitglieder an, die Ihren Podcast finanziell unterstützen möchten.

- **Spenden über Plattformen:** Nutzen Sie Plattformen wie PayPal oder Ko-Fi, um direkte Spenden von Ihren Zuhörern zu erhalten, die Ihren Podcast schätzen.

3. Merchandise-Verkäufe

- **Eigenes Merchandise:** Entwerfen und verkaufen Sie physische Produkte wie T-Shirts, Tassen oder Aufkleber, die mit Ihrem Podcast oder Ihrer Marke in Verbindung stehen.

- **E-Commerce-Plattformen:** Nutzen Sie Plattformen wie Shopify oder Etsy, um Ihre Merchandise-Produkte zu vermarkten und zu verkaufen.

4. Exklusive Inhalte und Premium-Podcasts

- **Premium-Abonnements:** Bieten Sie Zugang zu zusätzlichen oder werbefreien Folgen Ihres Podcasts gegen eine monatliche oder jährliche Gebühr an.

- **Bonus-Episoden:** Erstellen Sie spezielle Bonus-Episoden oder Serien, die nur für zahlende Abonnenten verfügbar sind, um zusätzliche Einnahmen zu generieren.

5. Live-Veranstaltungen und Podcast-Touren

- **Live-Auftritte:** Organisieren Sie Live-Auftritte oder Veranstaltungen, bei denen Ihre Zuhörer die Möglichkeit haben, Sie persönlich zu treffen und Tickets zu kaufen.

- **Podcast-Touren:** Planen Sie Touren oder Auftritte in verschiedenen Städten, um Ihr Publikum zu erweitern und direkte Einnahmen aus Ticketverkäufen zu erzielen.

Wachstumsstrategien für Podcasts

1. Inhaltsstrategie und Qualität

- **Themenrelevanz:** Produzieren Sie regelmäßig hochwertige Inhalte, die Ihre Zielgruppe interessieren und ansprechen, um das Engagement zu steigern und neue Hörer anzuziehen.

- **Konsistenz:** Halten Sie einen regelmäßigen Veröffentlichungsplan ein, um das Vertrauen Ihrer Hörer zu stärken und Ihre Reichweite kontinuierlich zu steigern.

2. SEO für Podcasts

- **Episode-Titel und Beschreibungen:** Verwenden Sie relevante Keywords und beschreibende Titel für Ihre Episoden, um die Sichtbarkeit in Podcast-Verzeichnissen und Suchmaschinen zu verbessern.

- **Tags und Kategorien:** Wählen Sie geeignete Tags und Kategorien aus, um Ihre Episoden für potenzielle Hörer leichter auffindbar zu machen.

3. Promotion und Cross-Promotion

- **Social Media:** Teilen Sie neue Episoden und Inhalte auf verschiedenen Social-Media-Plattformen, um die Reichweite zu erhöhen und neue Hörer anzuziehen.

- **Kollaborationen:** Arbeiten Sie mit anderen Podcastern oder Influencern zusammen, um Ihre Reichweite zu erweitern und durch gegenseitige Promotionen neue Hörer zu gewinnen.

4. Community-Interaktion und Feedback

- **Hörerfeedback:** Bieten Sie Ihren Hörern die Möglichkeit, Feedback zu geben und an Diskussionen teilzunehmen, um eine aktive Community um Ihren Podcast herum aufzubauen.

- **Live-Q&A und Interaktion:** Führen Sie regelmäßig Live-Fragestunden oder Q&A-Sessions durch, um direkt mit Ihren Hörern zu interagieren und ihr Engagement zu fördern.

Herausforderungen beim Aufbau eines profitablen Podcasts

1. **Wettbewerb:** Die Konkurrenz im Podcast-Bereich ist groß, was es schwierig machen kann, sich von anderen Podcasts abzuheben und eine treue Hörerschaft aufzubauen.

2. **Monetarisierungsbarrieren:** Es kann einige Zeit dauern, bis ein Podcast genügend Hörer und Engagement aufgebaut hat, um signifikante Einnahmen aus Sponsoring und anderen Monetarisierungsstrategien zu erzielen.

3. **Technische Herausforderungen:** Die Aufnahme und Bearbeitung von Audioinhalten erfordern technische Fähigkeiten und Ausrüstung, die möglicherweise eine Investition erfordern.

Best Practices für erfolgreiches Podcasting

1. **Nischenfokus:** Konzentrieren Sie sich auf eine spezifische Zielgruppe oder ein Thema, um eine engagierte und treue Hörerschaft aufzubauen, die Ihre Inhalte schätzt.

2. **Authentizität:** Bleiben Sie authentisch und zeigen Sie Ihre Persönlichkeit in Ihren Episoden, um eine persönliche Verbindung zu Ihren Hörern aufzubauen und ihr Vertrauen zu gewinnen.

3. **Kontinuierliches Lernen:** Bleiben Sie über Trends im Podcasting und neue Technologien auf dem Laufenden, um Ihr Podcasting-Erlebnis kontinuierlich zu verbessern und zu erweitern.

Zukunft von Podcasting als Einnahmequelle

Podcasting wird weiterhin eine bedeutende Rolle als Plattform für Einnahmen spielen, da die Popularität von Audioinhalten zunimmt und neue Monetarisierungsmöglichkeiten entwickelt werden. Mit der richtigen Strategie, konsistenter Inhaltsproduktion und einer starken Community-Interaktion können Podcaster erfolgreich sein und ihre finanziellen Ziele erreichen.

Fazit

Podcasting bietet zahlreiche Möglichkeiten, Geld zu verdienen, indem man qualitativ hochwertige Audioinhalte erstellt, eine treue Hörerschaft aufbaut und verschiedene Monetarisierungsstrategien implementiert. Durch die Kombination von Sponsoring, Mitgliedschaften, Merchandise-Verkäufen und exklusiven Inhalten können Podcaster ihre Einnahmen diversifizieren und ihre finanziellen Ziele erreichen. Mit einer klaren Strategie, regelmäßigen Veröffentlichungen und einer starken Community-Interaktion können Sie Ihren Podcast zu einer erfolgreichen Einnahmequelle machen und das Potenzial des Mediums voll ausschöpfen.

Um über Social Media Einnahmen durch Influencer-Marketing zu generieren, müssen Influencer und Marken effektiv zusammenarbeiten, um ihre Zielgruppen zu erreichen und zu engagieren. In diesem Artikel werden wir uns darauf konzentrieren, wie Influencer-Marketing funktioniert, welche Plattformen relevant sind und wie man erfolgreiche Kooperationen aufbaut.

Einführung in Influencer-Marketing über Social Media

Influencer-Marketing hat sich zu einer bedeutenden Komponente digitaler Marketingstrategien entwickelt. Unternehmen nutzen die Reichweite und Glaubwürdigkeit von Influencern, um Produkte und Dienstleistungen zu bewerben und ihre Zielgruppen anzusprechen. Diese Zusammenarbeit bietet Influencern die Möglichkeit, Einnahmen zu generieren, indem sie ihre Reichweite und ihr Engagement monetarisieren.

Warum ist Influencer-Marketing über Social Media attraktiv?

1. **Glaubwürdigkeit und Authentizität:** Influencer haben oft eine persönliche Bindung zu ihrer Community, was es Unternehmen ermöglicht, ihre Botschaft authentisch zu kommunizieren.

2. **Zielgruppenerreichung:** Influencer haben oft eine spezifische Zielgruppe, die für bestimmte Marken von Interesse ist, was gezieltes Marketing und höhere Conversion-Raten ermöglicht.

3. **Vielfältige Plattformen:** Von Instagram über YouTube bis hin zu TikTok gibt es zahlreiche Social-Media-Plattformen, die für Influencer-Marketing genutzt werden können, je nach Zielgruppe und Marketingziel.

Monetarisierungsstrategien für Influencer

1. Sponsoring und bezahlte Partnerschaften

- **Bezahlte Beiträge:** Influencer erstellen gesponserte Inhalte für Marken, die sie entweder in Form von Beiträgen, Stories oder Videos auf ihren Social-Media-Kanälen veröffentlichen.

- **Langfristige Partnerschaften:** Langfristige Kooperationen bieten Stabilität und ermöglichen es Influencern, eine enge Beziehung zu einer Marke aufzubauen und kontinuierliche Einnahmen zu erzielen.

2. Affiliate-Marketing

- **Empfehlungslinks:** Influencer teilen spezielle Affiliate-Links oder Rabattcodes mit ihrer Community, wodurch sie eine Provision für jeden Verkauf verdienen, der über ihren Link generiert wird.

- **Produktbewertungen und Empfehlungen:** Influencer bewerben Produkte oder Dienstleistungen in ihren Inhalten und ermutigen ihre Follower, diese zu kaufen.

3. Produktplatzierungen und Reviews

- **Produktplatzierungen:** Marken schicken Influencern kostenlose Produkte oder Dienstleistungen, die sie in ihren Beiträgen verwenden und bewerben können.

- **Unboxing-Videos und Reviews:** Influencer zeigen ihre ehrlichen Meinungen zu Produkten oder Dienstleistungen in Videos oder Posts, was das Vertrauen ihrer Zuschauer stärkt und den Absatz steigern kann.

4. Veranstaltungen und persönliche Auftritte

- **Gastreden und Veranstaltungen:** Einflussreiche Persönlichkeiten können als Sprecher oder Gäste bei Veranstaltungen auftreten, was ihre Glaubwürdigkeit und Sichtbarkeit erhöht.

- **Meet-and-Greets:** Persönliche Treffen mit Fans oder Followern bieten Influencern die Möglichkeit, direkten Kontakt zu ihrer Community aufzubauen und zusätzliche Einnahmen durch Ticketverkäufe zu generieren.

Plattformen für Influencer-Marketing

1. Instagram

Instagram ist eine der beliebtesten Plattformen für Influencer-Marketing aufgrund ihrer visuellen Natur und ihrer großen Nutzerbasis. Influencer können durch Fotos, Stories und IGTV-Formate mit ihren Followern interagieren und Markenbotschaften vermitteln.

2. YouTube

YouTube ermöglicht es Influencern, längere Videos zu erstellen und eine tiefergehende Verbindung zu ihrer Zielgruppe aufzubauen.

Bezahlte Partnerschaften, Produktplatzierungen und Werbevideos sind auf YouTube weit verbreitet.

3. TikTok

TikTok ist für kurze, unterhaltsame Videos bekannt, die viral gehen können. Influencer können schnell eine große Anhängerschaft aufbauen und durch gesponserte Herausforderungen, Produktbewertungen und Kooperationen Einnahmen erzielen.

4. Facebook und Twitter

Facebook und Twitter bieten ebenfalls Möglichkeiten für Influencer-Marketing, obwohl ihre Dynamiken und Zielgruppen etwas anders sind als bei Instagram oder TikTok. Hier können Influencer durch Posts, Live-Streams und Trends mit ihrer Community interagieren.

Aufbau erfolgreicher Kooperationen

1. Zielgruppenanalyse und Auswahl passender Marken

- **Passende Marken:** Wählen Sie Marken aus, die zur eigenen Zielgruppe passen und deren Werte und Botschaften mit den eigenen Werten übereinstimmen.

- **Zielgruppenanalyse:** Verstehen Sie die Demografie und Interessen Ihrer eigenen Followerschaft, um passende Kooperationen auszuwählen, die für beide Seiten von Vorteil sind.

2. Verhandlung von Verträgen und Konditionen

- **Leistungen und Gegenleistungen:** Definieren Sie klar, welche Leistungen der Influencer erbringen wird (z.B. Anzahl der Beiträge, Art des Contents) und welche Gegenleistungen die Marke bietet (z.B. Vergütung, Produkte).

- **Vertragsdetails:** Sichern Sie sich rechtlich ab und klären Sie die Rahmenbedingungen in einem schriftlichen Vertrag, der die Erwartungen und Verantwortlichkeiten beider Parteien festlegt.

3. **Messung und Optimierung der Kampagnenergebnisse**

- **Messbare Ziele:** Legen Sie vor Beginn der Zusammenarbeit messbare Ziele fest, wie z.B. Reichweite, Engagement-Rate oder Konversionsraten, die nach Abschluss der Kampagne bewertet werden können.

- **Analyse und Berichterstattung:** Nutzen Sie Analysetools der Social-Media-Plattformen und externe Tools, um den Erfolg der Kampagne zu überwachen und Optimierungspotenziale zu identifizieren.

Herausforderungen beim Influencer-Marketing

1. **Authentizität bewahren:** Influencer müssen sicherstellen, dass gesponserte Inhalte authentisch wirken und das Vertrauen ihrer Follower nicht gefährden.

2. **Sichtbarkeit und Wettbewerb:** Der Wettbewerb unter Influencern und die Vielzahl an gesponserten Inhalten auf Social Media können die Sichtbarkeit und Effektivität von Kampagnen beeinträchtigen.

3. **Regulierung und Transparenz:** Gesetzliche Vorschriften zur Offenlegung von gesponserten Inhalten variieren je nach Land und Plattform, was Influencer und Marken beachten müssen.

Best Practices für erfolgreiches Influencer-Marketing

1. **Authentizität:** Bleiben Sie authentisch und transparent gegenüber Ihrer Community und Ihren Kooperationspartnern, um langfristige Beziehungen aufzubauen.

2. **Konsistenz:** Veröffentlichen Sie regelmäßig hochwertige Inhalte, um das Engagement Ihrer Follower zu fördern und Ihre Reichweite auf Social Media zu erweitern.

3. **Networking und Beziehungen:** Pflegen Sie Beziehungen zu anderen Influencern und Marken, um Möglichkeiten für zukünftige Kooperationen zu schaffen und sich gegenseitig zu unterstützen.

Zukunft des Influencer-Marketings

Influencer-Marketing wird weiterhin eine zentrale Rolle im digitalen Marketing spielen, da Social Media Plattformen weiterhin wachsen und sich entwickeln. Neue Technologien wie Künstliche Intelligenz und Virtual Reality könnten zukünftig die Art und Weise beeinflussen, wie Influencer mit ihren Followern interagieren und Markenbotschaften vermitteln.

Fazit

Influencer-Marketing über Social Media bietet Influencern die Möglichkeit, durch gesponserte Inhalte, Affiliate-Marketing und andere Monetarisierungsstrategien Einnahmen zu erzielen. Durch die Auswahl passender Kooperationspartner, die Erstellung hochwertiger Inhalte und die Aufrechterhaltung einer authentischen Kommunikation mit ihrer Community können Influencer langfristig erfolgreich sein und das Potenzial der Plattformen voll ausschöpfen. Mit einer klaren Strategie, einer soliden Zielgruppenanalyse und einer engagierten Community können Influencer ihre Einnahmen diversifizieren und ihre Markenpräsenz stärken.

Um Fotografie und Videografie erfolgreich zu verkaufen, bieten Stockfoto- und Videomarktplätze eine wichtige Plattform. In diesem Artikel werde ich erläutern, wie man diese Plattformen nutzt, um Einnahmen zu erzielen, welche Arten von Inhalten gefragt sind und welche Strategien helfen können, um erfolgreich zu sein.

Einführung in den Verkauf von Fotografie und Videografie

Der Verkauf von Fotos und Videos über Stockfoto- und Videomarktplätze ermöglicht es Fotografen und Videografen, ihre Werke einer globalen Zielgruppe anzubieten. Diese Plattformen dienen als Marktplätze, auf denen Käufer lizenzfreie oder lizenzierte Inhalte erwerben können, um sie in ihren eigenen Projekten zu verwenden. Für Anbieter bietet dies die Möglichkeit, passive Einnahmen zu generieren und ihre kreativen Arbeiten zu monetarisieren.

Warum sind Stockfoto- und Videomarktplätze attraktiv?

1. **Globale Reichweite:** Die Plattformen haben eine große Nutzerbasis auf der ganzen Welt, was den Zugang zu potenziellen Käufern erleichtert.

2. **Passives Einkommen:** Einmal hochgeladene Inhalte können immer wieder verkauft werden, was langfristige Einnahmen ermöglicht, ohne dass ständige Aufträge erforderlich sind.

3. **Vielfältige Anwendungsmöglichkeiten:** Käufer verwenden diese Inhalte in verschiedenen Medien und Projekten wie Websites, Blogs, Werbung, Videos und mehr.

Typen von Stockfoto- und Videomarktplätzen

1. Stockfoto-Marktplätze

- **Adobe Stock:** Eine Plattform von Adobe, die eine breite Palette an Fotos und Vektorgrafiken bietet, die in Adobe Creative Cloud-Anwendungen integriert sind.

- **Shutterstock:** Einer der größten Stockfoto-Anbieter, der Millionen von Fotos, Illustrationen und Vektorgrafiken anbietet.

- **Getty Images:** Bekannt für hochwertige und professionelle Fotografie, einschließlich redaktioneller Inhalte.

2. Videomarktplätze

- **Pond5:** Bietet eine Vielzahl von Videos, einschließlich Filmmaterial, Animationen und After Effects-Vorlagen.

- **VideoHive (Envato Market):** Enthält eine große Auswahl an Videoinhalten, einschließlich Vorlagen für Videoeffekte und Motion Graphics.

- **Storyblocks (ehemals Videoblocks):** Ein Abonnementdienst, der Zugriff auf eine umfangreiche Bibliothek von Stockvideos, Audiodateien und Grafiken bietet.

Monetarisierungsstrategien für Fotografie und Videografie

1. Lizenzierung von Fotos und Videos

- **Royalty-Free (RF):** Käufer können diese Inhalte einmal kaufen und mehrmals verwenden, ohne zusätzliche Lizenzgebühren zu zahlen.

- **Rights-Managed (RM):** Gebühren basieren auf spezifischen Kriterien wie Nutzungsdauer, Ort und Verwendungszweck.

2. Erstellung von spezialisierten Inhalten

- **Nischeninhalte:** Fokussieren Sie sich auf bestimmte Themen oder Trends, die eine hohe Nachfrage haben könnten, wie z.B. Technologie, Gesundheit oder Lifestyle.

- **Saisonale Inhalte:** Erstellen Sie Inhalte für bestimmte Jahreszeiten oder Feiertage, die saisonale Kampagnen und Projekte unterstützen.

3. Erweiterung des Angebots

- **Erweiterte Lizenzen:** Bieten Sie erweiterte Lizenzen an, die es Käufern ermöglichen, Inhalte für spezifischere Zwecke zu verwenden, z.B. in Merchandising-Produkten oder großen Auflagen.

- **Editorial-Inhalte:** Hochladen von Fotos oder Videos, die für redaktionelle Zwecke verwendet werden können, wie Nachrichten, Veranstaltungen oder dokumentarische Projekte.

Best Practices für den Erfolg auf Stockfoto- und Videomarktplätzen

1. **Hohe Qualität:** Stellen Sie sicher, dass Ihre Fotos und Videos technisch einwandfrei sind und den aktuellen Standards für Auflösung und Bildqualität entsprechen.

2. **Keyword-Optimierung:** Verwenden Sie relevante Schlüsselwörter und Schlagwörter, um Ihre Inhalte für Suchanfragen der Käufer zu optimieren und die Sichtbarkeit zu erhöhen.

3. **Vielfalt der Inhalte:** Bieten Sie eine Vielfalt an Inhalten an, die verschiedene Branchen, Themen und Stile abdecken, um ein breiteres Publikum anzusprechen.

4. **Aktualisierung und Erweiterung:** Laden Sie regelmäßig neue Inhalte hoch, um Ihre Bibliothek zu aktualisieren und die Interaktion mit den Käufern aufrechtzuerhalten.

Herausforderungen beim Verkauf von Fotografie und Videografie

1. **Wettbewerb:** Der Markt für Stockfotos und -videos ist stark umkämpft, daher ist es wichtig, sich durch Qualität und Originalität abzuheben.

2. **Rechte und Lizenzen:** Verstehen Sie die rechtlichen Aspekte und die Lizenzbedingungen, um sicherzustellen, dass Ihre Inhalte korrekt lizenziert und verfügbar sind.

3. **Preisgestaltung:** Finden Sie die richtige Balance bei der Preisgestaltung Ihrer Inhalte, um wettbewerbsfähig zu bleiben und dennoch angemessene Einnahmen zu erzielen.

Zukunft von Stockfoto- und Videomarktplätzen

Die Zukunft von Stockfoto- und Videomarktplätzen wird durch technologische Entwicklungen wie Künstliche Intelligenz und maschinelles Lernen beeinflusst werden, die die Suche, Analyse und Erstellung von Inhalten verbessern könnten. Die Nachfrage nach qualitativ hochwertigen visuellen Inhalten wird weiterhin stark sein, da Unternehmen und Kreative diese für ihre digitalen Projekte benötigen.

Fazit

Der Verkauf von Fotografie und Videografie über Stockfoto- und Videomarktplätze bietet Fotografen und Videografen eine Möglichkeit, ihre kreativen Werke zu monetisieren und passives Einkommen zu generieren. Durch die Nutzung dieser Plattformen können Anbieter weltweit ihre Reichweite erweitern, ihre Inhalte diversifizieren und verschiedene Monetarisierungsstrategien implementieren. Mit einer starken Portfolioverwaltung, einer klaren Verständnis der Kundenbedürfnisse und einer kontinuierlichen Verbesserung ihrer Angebote können Anbieter erfolgreich auf diesen Märkten agieren und das Potenzial der digitalen Vertriebskanäle voll ausschöpfen.

Um erfolgreich Coaching und Beratung online anzubieten, ist es entscheidend, die richtigen Plattformen zu wählen und effektive Marketingstrategien zu entwickeln. In diesem Artikel werde ich erläutern, wie Coaches und Berater ihre Dienstleistungen online anbieten können, welche Plattformen dafür geeignet sind und wie sie ihre Reichweite durch gezieltes Marketing ausbauen können.

Einführung in das Online-Coaching und -Beratung

Online-Coaching und -Beratung bieten Coaches und Beratern die Möglichkeit, ihre Dienstleistungen über das Internet anzubieten, was eine flexiblere und zugänglichere Alternative zu persönlichen Sitzungen bietet. Durch den Einsatz von Technologie können Coaches ihre Kunden weltweit erreichen und ihre Dienstleistungen effizient verwalten.

Warum ist Online-Coaching und -Beratung attraktiv?

1. **Flexibilität:** Coaches können ihre Termine flexibel planen und ihre Dienstleistungen von jedem Ort aus anbieten, was sowohl ihnen als auch ihren Kunden mehr Freiheit gibt.

2. **Erreichbarkeit:** Durch das Internet können Coaches eine breitere Zielgruppe erreichen, unabhängig von geografischen Einschränkungen.

3. **Kostenersparnis:** Für Coaches entfallen Kosten für Praxisräume und Reisezeiten, was zu einer effizienteren Nutzung ihrer Ressourcen führt.

Plattformen für Online-Coaching und -Beratung

1. Videoanrufplattformen

- **Zoom:** Eine beliebte Plattform für Videoanrufe und Online-Meetings, die einfach zu bedienen ist und Funktionen wie Bildschirmfreigabe und Aufzeichnung bietet.

- **Skype:** Eine etablierte Plattform für Videoanrufe, die häufig für persönliche Gespräche und Beratungssitzungen genutzt wird.

- **Google Meet:** Integriert in Google Workspace, bietet Google Meet eine stabile und sichere Umgebung für Videoanrufe und Teammeetings.

2. Spezialisierte Coaching-Plattformen

- **CoachAccountable:** Eine Plattform, die speziell für Coaches entwickelt wurde und Funktionen für Terminplanung, Dokumentenfreigabe und Fortschrittsverfolgung bietet.

- **CoachVantage:** Bietet Tools für Coaching, einschließlich Terminplanung, Notizenverwaltung und Client-Management.

- **BetterUp:** Fokussiert auf Business-Coaching und bietet Zugang zu qualifizierten Coaches sowie Ressourcen für persönliches Wachstum.

3. Online-Marktplätze für Coaching

- **Coach.me:** Eine Plattform, die Coaching in verschiedenen Bereichen wie Fitness, Gewohnheitsbildung und persönliche Entwicklung anbietet.

- **Fiverr:** Ein Marktplatz, der Coaches die Möglichkeit bietet, ihre Dienste in einem breiten Spektrum von Kategorien anzubieten, einschließlich Business-Coaching, Lebensberatung und mehr.

- **Upwork:** Ein bekannter Freelancer-Marktplatz, auf dem Coaches ihre Dienste in verschiedenen Bereichen anbieten können, von persönlicher Entwicklung bis hin zu Unternehmensberatung.

Marketingstrategien für Online-Coaching und -Beratung

1. Content-Marketing

- **Bloggen:** Erstellen Sie regelmäßig Inhalte, die die Zielgruppe ansprechen, z.B. Tipps zur persönlichen Entwicklung, Karriereberatung oder Gesundheitsratschläge.

- **Webinare und Online-Kurse:** Bieten Sie kostenlose Webinare oder Online-Kurse an, um Ihre Expertise zu demonstrieren und potenzielle Kunden anzuziehen.

- **E-Books und Whitepapers:** Schreiben Sie informative E-Books oder Whitepapers zu relevanten Themen und bieten Sie sie als kostenlosen Download an, um Leads zu generieren.

2. Social Media Marketing

- **LinkedIn:** Nutzen Sie LinkedIn, um Ihr berufliches Netzwerk auszubauen, Inhalte zu teilen und potenzielle Geschäftskunden anzusprechen.

- **Facebook und Instagram:** Verwenden Sie diese Plattformen, um Ihre Dienstleistungen zu bewerben, Kundenfeedback zu erhalten und eine Community aufzubauen.

- **YouTube:** Erstellen Sie Videos, in denen Sie Ihr Fachwissen teilen, Kundenfeedback geben oder Fallstudien präsentieren, um Ihre Glaubwürdigkeit zu stärken.

3. Suchmaschinenoptimierung (SEO)

- **Keyword-Optimierung:** Verwenden Sie relevante Schlüsselwörter in Ihrer Website und Ihren Blogposts, um in den Suchergebnissen höher zu ranken und mehr Traffic anzuziehen.

- **Lokale SEO:** Optimieren Sie Ihre Website für lokale Suchanfragen, wenn Sie auf eine lokale Zielgruppe ausgerichtet sind, z.B. durch die Verwendung von Standort-Schlüsselwörtern und das Erstellen eines Google My Business-Eintrags.

4. Partnerschaften und Netzwerken

- **Kooperationen mit Unternehmen:** Bilden Sie strategische Partnerschaften mit Unternehmen, die Ihre Zielgruppe ansprechen, um Ihre Dienstleistungen anzubieten.

- **Netzwerken:** Besuchen Sie Branchenveranstaltungen, Webinare und Online-Communities, um Kontakte zu knüpfen und potenzielle Kunden zu finden.

Best Practices für Online-Coaching und -Beratung

1. **Klare Positionierung:** Definieren Sie klar Ihre Zielgruppe und Ihre Dienstleistungen, um potenziellen Kunden eine klare Vorstellung davon zu geben, was sie von Ihnen erwarten können.

2. **Kundenfeedback nutzen:** Sammeln Sie regelmäßig Feedback von Ihren Kunden, um Ihre Dienstleistungen kontinuierlich zu verbessern und Ihre Kundenbindung zu stärken.

3. **Professionelles Auftreten:** Präsentieren Sie sich professionell auf Ihrer Website und in Ihren Kommunikationen, um Vertrauen bei potenziellen Kunden aufzubauen.

Herausforderungen beim Online-Coaching und -Beratung

1. **Technische Herausforderungen:** Probleme mit Videoanrufen oder Online-Tools können die Qualität der Sitzungen beeinträchtigen.

2. **Konkurrenz:** Der Markt für Online-Coaching und -Beratung ist wettbewerbsintensiv, daher ist es wichtig, sich durch Qualität und Mehrwert abzuheben.

3. **Datenschutz und Sicherheit:** Stellen Sie sicher, dass Ihre Online-Plattformen und Tools den erforderlichen Datenschutz- und Sicherheitsstandards entsprechen, um die Vertraulichkeit Ihrer Kunden zu gewährleisten.

Zukunft von Online-Coaching und -Beratung

Die Nachfrage nach Online-Coaching und -Beratung wird voraussichtlich weiter steigen, da immer mehr Menschen nach flexiblen und zugänglichen Lösungen suchen, um ihre persönlichen und beruflichen Ziele zu erreichen. Technologische Fortschritte könnten die Interaktion zwischen Coaches und Kunden verbessern und neue Möglichkeiten für personalisierte Dienstleistungen eröffnen.

Fazit

Online-Coaching und -Beratung bieten eine innovative Möglichkeit, Coaching-Dienstleistungen anzubieten und Kunden weltweit zu erreichen. Durch die Nutzung geeigneter Plattformen, effektives Marketing und die Bereitstellung hochwertiger Dienstleistungen können Coaches und Berater ihr Geschäft ausbauen, ihre Reichweite erweitern und langfristige Erfolge in der digitalen Welt erzielen. Indem sie sich auf Qualität, Kundenbindung und kontinuierliche Weiterentwicklung konzentrieren, können sie ihre Position auf dem Markt stärken und die wachsende Nachfrage nach flexiblen Coaching-Lösungen bedienen.

Das Angebot von Online-Kursen ist eine lukrative Möglichkeit, um passives Einkommen zu generieren und Wissen mit einem breiten Publikum zu teilen. Die Entwicklung und der Verkauf von Online-Kursen erfordert jedoch sorgfältige Planung und effektives Marketing. In diesem Artikel werde ich detailliert erläutern, wie man erfolgreiche Online-Kurse erstellt und verkauft.

Einführung in die Welt der Online-Kurse

Online-Kurse sind strukturierte Programme, die über das Internet bereitgestellt werden und es den Teilnehmern ermöglichen, neue Fähigkeiten zu erlernen oder Wissen zu vertiefen. Diese Kurse können verschiedene Formate haben, darunter Video-Tutorials, E-Books, interaktive Übungen und mehr. Der Markt für Online-Kurse wächst stetig, da immer mehr Menschen nach flexiblen Lernmöglichkeiten suchen, die sie von zu Hause aus nutzen können.

Warum sind Online-Kurse attraktiv?

1. **Passives Einkommen:** Einmal erstellte Kurse können mehrfach verkauft werden, ohne dass fortlaufend neue Inhalte erstellt werden müssen.

2. **Weltweite Reichweite:** Online-Kurse können von Menschen auf der ganzen Welt abgerufen werden, was eine größere Zielgruppe ermöglicht.

3. **Flexibilität:** Kursleiter können ihre Arbeitszeit flexibel gestalten und Kurse jederzeit aktualisieren.

Schritte zur Entwicklung eines erfolgreichen Online-Kurses

1. Themenfindung und Zielgruppenanalyse

Bevor Sie mit der Erstellung eines Online-Kurses beginnen, ist es wichtig, ein Thema zu wählen, das auf Ihre Expertise abgestimmt ist und gleichzeitig eine Nachfrage auf dem Markt hat.

- **Zielgruppenanalyse:** Verstehen Sie, wer Ihre potenziellen Kursteilnehmer sind, was ihre Bedürfnisse und Herausforderungen sind und wie Ihr Kurs ihnen helfen kann.

- **Marktforschung:** Untersuchen Sie bestehende Kurse zu ähnlichen Themen, um Lücken zu identifizieren, die Sie füllen können.

2. Kursplanung und Strukturierung

Ein gut strukturierter Kurs sollte logisch aufgebaut sein und den Lernenden schrittweise durch das Thema führen.

- **Lernziele definieren:** Legen Sie fest, welche Kenntnisse oder Fähigkeiten die Teilnehmer am Ende des Kurses erworben haben sollen.

- **Kursinhalte gliedern:** Teilen Sie den Kurs in Module und Lektionen ein, die jeweils ein spezifisches Thema oder Konzept behandeln.

3. Erstellung von Kursmaterialien

Die Qualität der Kursmaterialien ist entscheidend für den Erfolg eines Online-Kurses. Verschiedene Formate können verwendet werden, um den Lernprozess zu unterstützen.

- **Video-Tutorials:** Videos sind ein effektives Mittel, um komplexe Themen zu erklären und visuell zu demonstrieren.

- **E-Books und Handouts:** Schriftliche Materialien können ergänzend zu den Videos verwendet werden, um Informationen zu vertiefen.

- **Interaktive Elemente:** Quizze, Aufgaben und Diskussionen fördern das aktive Lernen und die Teilnahme der Kursteilnehmer.

4. Technische Umsetzung und Plattformwahl

Die Wahl der richtigen Plattform ist entscheidend für die technische Umsetzung und den Verkauf Ihres Kurses.

- **Lernplattformen (LMS):** Plattformen wie Teachable, Udemy oder Thinkific bieten umfassende Funktionen für die Kursverwaltung, Bezahlung und Teilnehmerverwaltung.

- **Eigene Website:** Alternativ können Sie Ihre eigene Website nutzen, um mehr Kontrolle über das Branding und die Benutzererfahrung zu haben.

Vermarktung und Verkauf Ihres Online-Kurses

1. Aufbau einer Marke und Online-Präsenz

Eine starke Marke und Online-Präsenz sind entscheidend, um Vertrauen zu schaffen und Ihre Zielgruppe anzusprechen.

- **Website und Blog:** Eine professionelle Website und ein Blog können als zentrale Plattform für Ihre Inhalte und Angebote dienen.

- **Social Media:** Nutzen Sie soziale Medien, um Ihre Zielgruppe zu erreichen, Inhalte zu teilen und mit potenziellen Kursteilnehmern zu interagieren.

2. Content-Marketing

Content-Marketing ist eine effektive Methode, um Ihre Expertise zu demonstrieren und Interesse an Ihrem Kurs zu wecken.

- **Blogbeiträge:** Schreiben Sie regelmäßig über relevante Themen und teilen Sie wertvolle Informationen, die Ihre Zielgruppe interessieren.

- **Webinare und Live-Streams:** Bieten Sie kostenlose Webinare an, um potenziellen Teilnehmern einen Einblick in Ihr Wissen und Ihren Unterrichtsstil zu geben.

3. E-Mail-Marketing

E-Mail-Marketing ist ein leistungsstarkes Werkzeug, um Ihre Kurse zu bewerben und eine Beziehung zu Ihren potenziellen Teilnehmern aufzubauen.

- **E-Mail-Liste aufbauen:** Nutzen Sie Ihre Website und Social Media, um E-Mail-Abonnenten zu gewinnen.

- **Newsletter:** Versenden Sie regelmäßige Newsletter mit Updates, nützlichen Tipps und Angeboten.

4. Preisgestaltung und Verkaufsstrategien

Die richtige Preisgestaltung und Verkaufsstrategien sind entscheidend, um Ihren Kurs attraktiv zu machen und Umsätze zu maximieren.

- **Marktgerechte Preise:** Recherchieren Sie die Preise ähnlicher Kurse und legen Sie einen wettbewerbsfähigen Preis fest.

- **Rabatte und Sonderangebote:** Bieten Sie zeitlich begrenzte Rabatte oder exklusive Angebote an, um den Verkauf anzukurbeln.

- **Zahlungspläne:** Bieten Sie Zahlungspläne an, um den Kurs für mehr Menschen erschwinglich zu machen.

5. Nutzung von Online-Marktplätzen

Neben Ihrer eigenen Plattform können Sie auch Online-Marktplätze nutzen, um eine größere Reichweite zu erzielen.

- **Udemy:** Eine der bekanntesten Plattformen für Online-Kurse, die eine große Nutzerbasis und umfangreiche Marketingunterstützung bietet.

- **Skillshare:** Bietet eine abonnementsbasierte Plattform, auf der Teilnehmer auf eine Vielzahl von Kursen zugreifen können.

Best Practices für die Kursentwicklung und den Verkauf

1. **Hohe Qualität:** Achten Sie auf die hohe Qualität der Inhalte und Präsentation. Professionelle Videos und gut strukturierte Materialien erhöhen die Zufriedenheit der Teilnehmer.

2. **Kundenfeedback einholen:** Bitten Sie Ihre Kursteilnehmer um Feedback und nutzen Sie dieses, um Ihren Kurs kontinuierlich zu verbessern.

3. **Community aufbauen:** Fördern Sie den Austausch und die Vernetzung Ihrer Kursteilnehmer, um eine engagierte Community aufzubauen.

Herausforderungen und Lösungen

1. **Technische Herausforderungen:** Investieren Sie in gutes Equipment und nutzen Sie benutzerfreundliche Plattformen, um technische Hürden zu minimieren.

2. **Konkurrenz:** Differenzieren Sie Ihren Kurs durch einzigartige Inhalte und besondere Mehrwerte, um sich von der Konkurrenz abzuheben.

3. **Marketing:** Entwickeln Sie eine umfassende Marketingstrategie, um Ihre Zielgruppe effektiv zu erreichen und den Kurs zu verkaufen.

Die Zukunft von Online-Kursen

Der Markt für Online-Kurse wird voraussichtlich weiter wachsen, da immer mehr Menschen die Vorteile des flexiblen Lernens erkennen. Neue Technologien wie Künstliche Intelligenz und Virtual Reality könnten die Art und Weise, wie Kurse erstellt und konsumiert werden, revolutionieren. Interaktive und personalisierte Lernangebote werden an Bedeutung gewinnen und neue Möglichkeiten für Kursanbieter eröffnen.

Fazit

Mit Online-Kursen Geld zu verdienen erfordert eine sorgfältige Planung, hochwertige Inhalte und eine effektive Marketingstrategie. Indem Sie sich auf Ihre Zielgruppe konzentrieren, Ihre Kurse gut strukturieren und gezielt vermarkten, können Sie ein erfolgreiches Online-Business aufbauen. Durch kontinuierliche Verbesserung und Anpassung an neue Trends und Technologien bleiben Sie wettbewerbsfähig und können langfristig erfolgreich sein.

Um eine detaillierte Betrachtung von Mitgliederseiten und Abonnementmodellen zu geben, werden wir uns auf den Aufbau, die Pflege und die verschiedenen Aspekte konzentrieren, die für den Erfolg solcher Plattformen wichtig sind.

Einführung in Mitgliederseiten und Abonnementmodelle

Mitgliederseiten sind Online-Plattformen, die exklusiven Zugang zu Inhalten, Dienstleistungen oder Communitys bieten und dafür ein Abonnement von ihren Mitgliedern verlangen. Diese Modelle haben sich als effektive Möglichkeit erwiesen, regelmäßige Einnahmen zu erzielen und eine engagierte Community aufzubauen. Im Folgenden werden wir die Schlüsselelemente für den Aufbau und die Pflege einer erfolgreichen Mitgliederseite beleuchten.

Warum sind Mitgliederseiten attraktiv?

1. **Stetige Einnahmen:** Durch Abonnementgebühren können regelmäßige und vorhersehbare Einnahmen erzielt werden.

2. **Exklusiver Zugang:** Mitgliederseiten bieten exklusive Inhalte oder Dienstleistungen, die nur zahlenden Mitgliedern zur Verfügung stehen.

3. **Aufbau einer Community:** Mitgliederseiten fördern die Interaktion und den Austausch unter Gleichgesinnten, was zu einer loyalen und engagierten Community führen kann.

Aufbau einer Mitgliederseite

1. Zielgruppenanalyse und Thema der Mitgliederseite

Bevor Sie mit dem Aufbau einer Mitgliederseite beginnen, ist es wichtig, Ihre Zielgruppe genau zu definieren und ein Thema oder einen Bereich zu wählen, der deren Interessen und Bedürfnissen entspricht.

- **Marktforschung:** Untersuchen Sie, ob es eine Nachfrage nach den angebotenen Inhalten oder Dienstleistungen gibt und wie groß die Zielgruppe potenziell ist.

- **Nischenidentifikation:** Finden Sie eine Nische, in der Sie sich als Experte positionieren können, um sich von der Konkurrenz abzuheben.

2. Auswahl der Plattform für die Mitgliederseite

Die Wahl der richtigen Plattform ist entscheidend für den Erfolg Ihrer Mitgliederseite. Es gibt verschiedene Optionen, von maßgeschneiderten Lösungen bis hin zu einfach zu bedienenden Plattformen:

- **WordPress mit Mitglieder-Plugins:** Plattformen wie WordPress bieten zahlreiche Plugins an, die es ermöglichen, Mitgliederseiten zu erstellen und zu verwalten, z.B. MemberPress, Restrict Content Pro oder Paid Memberships Pro.

- **Dedizierte Mitgliederplattformen:** Plattformen wie Kajabi, Teachable oder Thinkific sind speziell auf die Erstellung und den Verkauf von Online-Kursen und Mitgliederinhalten ausgelegt.

3. Struktur und Inhalt der Mitgliederseite

Eine klare Struktur und hochwertige Inhalte sind entscheidend für den Erfolg Ihrer Mitgliederseite:

- **Mitgliederbereiche und Inhaltsverwaltung:** Strukturieren Sie Ihre Inhalte in verschiedene Mitgliederbereiche oder -level, um einen geordneten Zugang zu gewährleisten.

- **Exklusive Inhalte:** Bieten Sie Ihren Mitgliedern exklusive Videos, Artikel, E-Books, Webinare oder andere Inhalte an, die sie anderswo nicht finden können.

- **Community-Interaktion:** Implementieren Sie Foren, Kommentarbereiche oder Gruppen, um die Interaktion und den Austausch zwischen Mitgliedern zu fördern.

4. Technische Umsetzung und Integration

Stellen Sie sicher, dass Ihre Mitgliederseite technisch gut umgesetzt ist und reibungslos funktioniert:

- **Zahlungsabwicklung:** Implementieren Sie eine sichere Zahlungsabwicklung für Abonnementgebühren, z.B. über Stripe, PayPal oder andere Zahlungsanbieter.

- **Mobile Optimierung:** Stellen Sie sicher, dass Ihre Mitgliederseite auch auf mobilen Geräten gut funktioniert und einfach zu navigieren ist.

- **Integration von E-Mail-Marketing:** Verbinden Sie Ihre Mitgliederseite mit einem E-Mail-Marketing-Tool, um automatisierte E-Mails zu senden und die Kommunikation mit Ihren Mitgliedern zu verbessern.

Pflege und Management der Mitgliederseite

1. Regelmäßige Aktualisierung von Inhalten

Halten Sie Ihre Inhalte frisch und aktuell, um das Interesse Ihrer Mitglieder aufrechtzuerhalten:

- **Content-Kalender:** Erstellen Sie einen Content-Kalender, um regelmäßige Updates und neue Inhalte zu planen.

- **Feedback einholen:** Bitten Sie Ihre Mitglieder um Feedback, um zu erfahren, welche Art von Inhalten sie bevorzugen und was sie gerne sehen würden.

2. Mitgliederbetreuung und Support

Bieten Sie Ihren Mitgliedern einen exzellenten Kundenservice und Support:

- **Support-System:** Implementieren Sie ein Support-Ticket-System oder eine FAQ-Seite, um häufig gestellte Fragen zu beantworten.

- **Community-Management:** Überwachen Sie Foren und Gruppen, um sicherzustellen, dass die Kommunikation respektvoll und konstruktiv bleibt.

3. Marketing und Wachstum der Mitgliederseite

Fördern Sie das Wachstum Ihrer Mitgliederseite durch gezieltes Marketing und Promotion:

- **Content-Marketing:** Veröffentlichen Sie regelmäßig Inhalte, die Ihre Zielgruppe ansprechen und potenzielle neue Mitglieder anziehen.

- **Referral-Programme:** Bieten Sie bestehenden Mitgliedern Anreize, neue Mitglieder zu werben, z.B. durch Rabatte oder exklusive Inhalte.

4. Analyse und Optimierung

Nutzen Sie Daten und Analysen, um Ihre Mitgliederseite kontinuierlich zu verbessern:

- **Analysewerkzeuge:** Verwenden Sie Tools wie Google Analytics, um das Nutzerverhalten auf Ihrer Seite zu verstehen und Verbesserungspotenziale zu identifizieren.

- **Conversion-Optimierung:** Testen Sie verschiedene Elemente Ihrer Mitgliederseite, wie z.B. Call-to-Actions oder Landing Pages, um die Conversion-Rate zu verbessern.

Herausforderungen und Lösungen

1. Mitgliederbindung

- **Lösung:** Bieten Sie kontinuierlich neuen und relevanten Content an, der den Bedürfnissen Ihrer Mitglieder entspricht. Stellen Sie sicher, dass die Interaktion innerhalb der Community aktiv gefördert wird.

2. Technische Probleme

- **Lösung:** Investieren Sie in zuverlässige Technologie und nutzen Sie Support-Netzwerke, um bei auftretenden Problemen schnell Hilfe zu erhalten.

3. Wettbewerb

- **Lösung:** Differenzieren Sie sich durch einzigartige Inhalte, exzellenten Kundenservice und gezieltes Marketing, um Ihre Mitgliederseite von anderen Angeboten abzuheben.

Zukunft von Mitgliederseiten und Abonnementmodellen

Die Zukunft von Mitgliederseiten und Abonnementmodellen ist vielversprechend, da immer mehr Menschen bereit sind, für den Zugang zu hochwertigen Inhalten oder Communitys zu zahlen. Technologische Entwicklungen könnten die Personalisierung und Interaktion auf Mitgliederseiten weiter verbessern, was zu einer stärkeren Bindung und höheren Umsätzen führen könnte.

Fazit

Die Erstellung und Pflege einer erfolgreichen Mitgliederseite erfordert sorgfältige Planung, hochwertige Inhalte und effektives Community-Management. Indem Sie eine klare Zielgruppe definieren, die richtige Plattform wählen und kontinuierlich wertvollen Content liefern, können Sie eine engagierte Community aufbauen und langfristig stabile Einnahmen generieren. Durch regelmäßige Analyse und Optimierung bleiben Sie wettbewerbsfähig und können das volle Potenzial Ihrer Mitgliederseite ausschöpfen.

Umfangreiche Informationen zu "Geld verdienen mit Apps und Software: Entwicklung und Monetarisierung" zu liefern, werden wir die wesentlichen Aspekte der App- und Softwareentwicklung sowie verschiedene Monetarisierungsstrategien abdecken. Diese Themen sind für Entwickler und Unternehmer gleichermaßen relevant, die daran interessiert sind, von ihren digitalen Produkten profitabel zu sein.

Einführung in die App- und Softwareentwicklung

Apps und Software sind integraler Bestandteil unseres digitalen Lebens geworden und bieten Entwicklern vielfältige Möglichkeiten, sowohl nützliche Dienste als auch unterhaltsame Anwendungen zu schaffen. Die Entwicklung und der erfolgreiche Verkauf solcher Produkte erfordern jedoch nicht nur technisches Know-how, sondern auch strategisches Denken in Bezug auf Zielgruppen, Benutzererfahrung und Monetarisierung.

Warum sind Apps und Software attraktiv?

1. **Skalierbarkeit:** Digitale Produkte können Millionen von Benutzern gleichzeitig bedienen, ohne zusätzliche physische Ressourcen bereitzustellen.

2. **Niedrige Eintrittsbarrieren:** Mit den richtigen Werkzeugen und Kenntnissen können selbstständige Entwickler oder kleine Teams innovative Lösungen entwickeln und auf den Markt bringen.

3. **Weltweite Reichweite:** Apps und Software können weltweit über verschiedene Plattformen und Geräte hinweg zugänglich gemacht werden, was zu einer breiten Marktabdeckung führt.

Entwicklung von Apps und Software

1. Ideenfindung und Konzeption

Bevor Sie mit der Entwicklung beginnen, ist es entscheidend, eine fundierte Idee zu haben, die ein echtes Problem löst oder einen Bedarf in der Zielgruppe anspricht.

- **Marktforschung:** Identifizieren Sie Trends, analysieren Sie Wettbewerber und prüfen Sie, ob Ihre Idee einzigartig ist oder wie Sie sich von bestehenden Lösungen abheben können.

- **Zielgruppenanalyse:** Verstehen Sie die Bedürfnisse und Anforderungen Ihrer potenziellen Benutzer, um eine Anwendung zu entwickeln, die wirklich einen Mehrwert bietet.

2. Prototyping und Design

Ein gutes Design ist entscheidend für den Erfolg einer App oder Software, da es die Benutzerfreundlichkeit und das Benutzererlebnis verbessert.

- **Prototyping-Tools:** Verwenden Sie Tools wie Adobe XD, Sketch oder Figma, um das Benutzererlebnis und die Benutzeroberfläche zu entwerfen und zu testen.

- **Usability-Tests:** Führen Sie frühzeitig Tests durch, um sicherzustellen, dass das Design intuitiv ist und die Erwartungen der Benutzer erfüllt.

3. Entwicklung und Implementierung

Die eigentliche Entwicklung umfasst die Umsetzung des Designs in funktionale Codebasis und die Integration notwendiger Funktionen.

- **Programmiersprachen und Frameworks:** Wählen Sie die richtigen Technologien aus, die Ihre Anforderungen erfüllen, z.B. Java für Android, Swift für iOS, oder Webtechnologien für plattformübergreifende Anwendungen.

- **Qualitätssicherung (QA):** Testen Sie die Anwendung gründlich, um Fehler zu identifizieren und sicherzustellen, dass sie stabil und benutzerfreundlich ist.

4. Veröffentlichung und Bereitstellung

Die Veröffentlichung Ihrer App oder Software auf den richtigen Plattformen ist ein entscheidender Schritt, um sie einem breiten Publikum zugänglich zu machen.

- **App Stores:** Veröffentlichen Sie Ihre App im Apple App Store, Google Play Store oder anderen relevanten Plattformen je nach Zielgruppe und Plattformpräferenz.

- **Updates und Wartung:** Aktualisieren Sie regelmäßig Ihre Anwendung, um Fehler zu beheben, Sicherheitslücken zu schließen und neue Funktionen hinzuzufügen, um die Benutzerbindung zu verbessern.

Monetarisierung von Apps und Software

1. Bezahlte Apps und Software

Eine der traditionellsten Monetarisierungsstrategien ist der direkte Verkauf von Apps oder Software zu einem festgelegten Preis.

- **Einmaliger Kauf:** Benutzer zahlen einen festen Betrag, um die Anwendung dauerhaft zu nutzen.

- **Freemium-Modell:** Bieten Sie eine Grundversion kostenlos an und ermöglichen Sie es den Benutzern, für erweiterte Funktionen oder Inhalte zu bezahlen.

2. In-App-Käufe und Abonnements

In-App-Käufe und Abonnementmodelle ermöglichen es Entwicklern, fortlaufende Einnahmen zu erzielen, indem sie zusätzliche Inhalte, Funktionen oder Vorteile innerhalb der Anwendung anbieten.

- **In-App-Käufe:** Verkaufen Sie virtuelle Güter, Erweiterungspakete oder zusätzliche Funktionen direkt innerhalb der Anwendung.

- **Abonnements:** Bieten Sie Benutzern regelmäßige Updates, exklusive Inhalte oder Premium-Funktionen im Austausch für regelmäßige Zahlungen an.

3. Werbung und Sponsoring

Werbeeinnahmen können durch die Integration von Anzeigen innerhalb Ihrer App oder Software generiert werden.

- **Anzeigenplattformen:** Nutzen Sie Werbenetzwerke wie Google AdMob, Facebook Audience Network oder Unity Ads, um Anzeigen einzubinden und Einnahmen basierend auf Klicks oder Impressionen zu erzielen.

- **Sponsoring:** Arbeiten Sie mit Unternehmen zusammen, um gesponserte Inhalte oder Funktionen in Ihre Anwendung zu integrieren, die spezielle Vorteile oder Belohnungen bieten.

4. Lizenzierung und Enterprise-Lösungen

Für B2B-Softwarelösungen kann die Lizenzierung an Unternehmen oder Organisationen eine rentable Monetarisierungsstrategie sein.

- **Einzelplatzlizenzen:** Verkaufen Sie Lizenzen an Einzelpersonen oder Unternehmen, um Ihre Software für geschäftliche Zwecke zu nutzen.

- **Maßgeschneiderte Lösungen:** Bieten Sie maßgeschneiderte Softwareentwicklung und Support an, um spezifische geschäftliche Anforderungen zu erfüllen.

Marketing und Promotion

Die Vermarktung Ihrer App oder Software ist entscheidend, um die Sichtbarkeit zu erhöhen und die Benutzerbasis aufzubauen.

- **App Store-Optimierung (ASO):** Optimieren Sie Ihre App-Beschreibung, Keywords und Bilder, um die Sichtbarkeit in den App Stores zu verbessern und Downloads zu steigern.

- **Social Media:** Nutzen Sie Plattformen wie Facebook, Twitter, LinkedIn und Instagram, um Ihre App zu bewerben und eine Community aufzubauen.

- **Content-Marketing:** Erstellen Sie informative Blogbeiträge, Videos oder Tutorials, die die Vorteile Ihrer App oder Software hervorheben und potenzielle Benutzer ansprechen.

Herausforderungen und Lösungen

1. Wettbewerb

- **Lösung:** Differenzieren Sie sich durch einzigartige Funktionen, herausragendes Design und gezielte Marketingstrategien, um sich von der Konkurrenz abzuheben.

2. Benutzerfeedback und Iteration

- **Lösung:** Hören Sie auf das Feedback Ihrer Benutzer und implementieren Sie regelmäßig Updates und Verbesserungen, um die Benutzererfahrung zu optimieren und die Bindung zu stärken.

3. Technologische Weiterentwicklung

- **Lösung:** Bleiben Sie über technologische Trends und Entwicklungen auf dem Laufenden, um sicherzustellen, dass Ihre App oder Software mit den neuesten Standards kompatibel ist und zukunftssicher bleibt.

Zukunft von Apps und Software

Die Zukunft von Apps und Software ist von technologischen Innovationen und sich ändernden Verbraucherbedürfnissen geprägt. Künstliche Intelligenz, Augmented Reality und Internet der Dinge (IoT) sind nur einige der Trends, die die Entwicklung und Monetarisierung von digitalen Produkten beeinflussen könnten.

Fazit

Das Geld verdienen mit Apps und Software erfordert nicht nur technische Expertise, sondern auch eine kluge strategische Planung in Bezug auf Entwicklung, Monetarisierung und Vermarktung. Indem Sie die Bedürfnisse Ihrer Zielgruppe verstehen, hochwertige Produkte entwickeln und effektive Verkaufs- und Marketingstrategien einsetzen, können Sie langfristigen Erfolg und finanzielle Rentabilität in der digitalen Wirtschaft erzielen. Bleiben Sie agil, passen Sie sich neuen Technologien an und bieten Sie kontinuierlich Mehrwert, um Ihre Position im Markt zu stärken und zu sichern.

Um einen umfassenden Überblick über Virtual Assistant (VA) Dienstleistungen und Plattformen im Bereich Remote Work zu geben, werden wir verschiedene Aspekte abdecken, darunter die Definition eines Virtual Assistants, die angebotenen Dienstleistungen, Plattformen für die Arbeit als Virtual Assistant sowie die Herausforderungen und Zukunftsaussichten dieses Berufsfeldes.

Einführung in Virtual Assistant und Remote Work

Ein Virtual Assistant (VA) ist ein professioneller Assistent, der administrative, technische, kreative oder sonstige spezialisierte Unterstützung für Unternehmen, Unternehmer oder Privatpersonen von einem entfernten Standort aus bietet. Der Aufstieg der Digitalisierung und die Zunahme von Remote Work haben die Nachfrage nach Virtual Assistants stark erhöht, da sie flexible und skalierbare Lösungen für administrative Aufgaben und Projekte bieten.

Warum sind Virtual Assistants attraktiv?

1. **Flexibilität:** Virtual Assistants können von überall auf der Welt arbeiten und sind nicht an ein physisches Büro gebunden.

2. **Kosteneffizienz:** Unternehmen können Kosten sparen, indem sie nur für die tatsächlich erbrachten Dienstleistungen bezahlen, ohne zusätzliche Büroinfrastruktur oder Vollzeitpersonal zu benötigen.

3. **Spezialisierte Fähigkeiten:** Virtual Assistants bringen oft spezialisierte Fähigkeiten mit, die Unternehmen helfen, ihre Effizienz und Produktivität zu steigern, ohne zusätzliche Ressourcen zu binden.

Dienstleistungen eines Virtual Assistants

Virtual Assistants bieten eine breite Palette von Dienstleistungen an, die je nach ihren Fähigkeiten und Erfahrungen variieren können:

1. Administrative Unterstützung

- Terminplanung und Kalenderverwaltung
- E-Mail- und Korrespondenzmanagement

- Reisebuchungen und Reiseplanung
- Datenverwaltung und Dateiorganisation

2. Technische Unterstützung

- Technischer Support für Software und Tools
- Verwaltung von CRM-Systemen (Customer Relationship Management)
- Website-Management und Content-Updates
- Social-Media-Management und Community-Interaktion

3. Kreative Dienstleistungen

- Grafikdesign und Bildbearbeitung
- Content-Erstellung für Blogs, Social Media oder Websites
- Video- und Audiobearbeitung
- Erstellung von Präsentationen und Dokumenten

4. Spezialisierte Dienstleistungen

- Buchhaltung und Finanzverwaltung
- Übersetzung und sprachliche Unterstützung
- Marktforschung und Datenanalyse
- Projektmanagement und Teamkoordination

Plattformen für die Arbeit als Virtual Assistant

Der Zugang zu Virtual Assistant-Positionen und -Aufträgen kann über verschiedene Plattformen erfolgen, die eine Schnittstelle zwischen Auftraggebern und Virtual Assistants bieten:

1. Allgemeine Freelancer-Plattformen

- **Upwork:** Eine der größten Plattformen für Freiberufler, die eine Vielzahl von Dienstleistungen anbieten können, einschließlich Virtual Assistant-Dienstleistungen.

- **Freelancer.com:** Eine globale Plattform, die Projekte in verschiedenen Kategorien einschließlich Administration und Support vermittelt.

- **Fiverr:** Hier können Virtual Assistants ihre Dienste als "Gigs" anbieten, von einfachen Aufgaben bis hin zu spezialisierten Services.

2. Spezialisierte VA-Agenturen und Jobbörsen

- **Time Etc:** Eine Agentur, die sich auf Virtual Assistants spezialisiert hat und qualifizierte Assistenten mit Kunden verbindet.

- **Virtual Assistant Networking Association (VANA):** Eine Organisation, die VA-Dienstleistungen fördert und Netzwerkmöglichkeiten sowie Jobangebote bereitstellt.

3. Remote Jobbörsen

- **Remote.co:** Bietet eine Vielzahl von Remote-Jobangeboten, darunter auch Positionen für Virtual Assistants.

- **We Work Remotely:** Eine Plattform, die Remote-Jobs in verschiedenen Kategorien auflistet, darunter auch administrative und unterstützende Rollen.

Herausforderungen und Chancen

1. Herausforderungen

- **Kommunikation und Zeitzonen:** Die Arbeit in verschiedenen Zeitzonen kann zu Herausforderungen bei der Kommunikation und der Koordination führen.

- **Sicherheit und Datenschutz:** Da Virtual Assistants oft sensible Daten verwalten, ist es wichtig, Sicherheitsvorkehrungen zu treffen und Datenschutzbestimmungen einzuhalten.

2. Chancen

- **Globale Reichweite:** Virtual Assistants können mit Kunden und Unternehmen auf der ganzen Welt zusammenarbeiten und ihre Dienste global anbieten.

- **Skalierbarkeit:** Durch die Arbeit als Virtual Assistant können Fachkräfte ihre Dienstleistungen skalieren und mehrere Kunden gleichzeitig betreuen.

Zukunftsaussichten für Virtual Assistants

Die Nachfrage nach Virtual Assistant-Dienstleistungen wird voraussichtlich weiter steigen, da immer mehr Unternehmen Remote-Arbeitsmodelle übernehmen und die Vorteile von flexiblen Arbeitskräften erkennen. Technologische Fortschritte wie Künstliche Intelligenz und Automatisierung könnten die Rolle von Virtual Assistants in Zukunft weiter entwickeln, indem sie repetitive Aufgaben automatisieren und VA-Profis erlauben, sich auf komplexere und strategische Aufgaben zu konzentrieren.

Fazit

Virtual Assistant-Dienstleistungen bieten eine attraktive Möglichkeit für Fachkräfte, flexibel zu arbeiten und ihre spezialisierten Fähigkeiten global anzubieten. Durch die Nutzung von Plattformen und Netzwerken können Virtual Assistants Zugang zu einer Vielzahl von Aufträgen und Karrieremöglichkeiten erhalten. Die kontinuierliche Weiterentwicklung von Remote-Arbeitsmodellen und die zunehmende Digitalisierung der Geschäftswelt versprechen eine vielversprechende Zukunft für Virtual Assistants, die bereit sind, sich anzupassen und zu wachsen.

Hier ist eine Einführung in Online-Investitionen, die Aktien, ETFs und Krypto umfasst. Diese drei Bereiche bieten unterschiedliche Möglichkeiten und Risiken für Investoren und sind wesentliche Bestandteile moderner Investmentstrategien.

Einführung in Online-Investitionen

Online-Investitionen haben die Art und Weise revolutioniert, wie Menschen auf der ganzen Welt Geld anlegen und ihr Vermögen aufbauen können. Durch den Zugang zu Plattformen und Märkten über das Internet können Anleger heute in eine Vielzahl von Anlageklassen investieren, darunter Aktien, Exchange-Traded Funds (ETFs) und Kryptowährungen. Diese Instrumente bieten unterschiedliche Risiko-Rendite-Profile und sind für verschiedene Anlageziele geeignet.

Aktien

Aktien sind Kapitalanteile an einem Unternehmen, die öffentlich über Börsen gehandelt werden. Der Kauf von Aktien bedeutet, dass der Investor einen Anteil an dem Unternehmen besitzt und an dessen Gewinnen und Verlusten teilhat. Der Aktienmarkt bietet eine breite Palette von Investitionsmöglichkeiten, von großen Blue-Chip-

Unternehmen bis hin zu kleinen Wachstumsunternehmen. Hier sind einige wichtige Punkte zu Aktieninvestitionen:

1. Vorteile von Aktieninvestitionen

- **Langfristiges Wachstumspotenzial:** Historisch gesehen haben Aktien langfristig höhere Renditen erzielt als viele andere Anlageklassen.

- **Dividenden:** Viele Unternehmen zahlen regelmäßig Dividenden an ihre Aktionäre aus, was zusätzliche Einnahmen darstellen kann.

- **Diversifikation:** Durch den Kauf von Aktien unterschiedlicher Branchen und Regionen können Anleger ihr Portfolio diversifizieren und das Risiko streuen.

2. Risiken von Aktieninvestitionen

- **Kursvolatilität:** Aktienkurse können stark schwanken, was zu kurzfristigen Verlusten führen kann.

- **Unternehmensrisiken:** Einzelne Unternehmen können schlecht abschneiden oder in finanzielle Schwierigkeiten geraten, was zu Kursverlusten führt.

- **Marktrisiken:** Globale wirtschaftliche Ereignisse und Markttrends können sich auf die Aktienkurse auswirken.

Exchange-Traded Funds (ETFs)

ETFs sind Investmentfonds, die wie Aktien an Börsen gehandelt werden und einen Korb von Vermögenswerten wie Aktien, Anleihen oder Rohstoffen nachbilden. Sie bieten Investoren eine einfache Möglichkeit, breit diversifiziert in einen Markt oder eine Anlageklasse zu investieren. Hier sind einige wichtige Aspekte von ETFs:

1. **Vorteile von ETFs**

   - **Diversifikation:** ETFs bieten Zugang zu einem diversifizierten Portfolio von Vermögenswerten, was das Risiko im Vergleich zu Einzelinvestitionen reduzieren kann.

   - **Kosteneffizienz:** ETFs haben oft niedrigere Managementgebühren als traditionelle Investmentfonds.

   - **Liquidität:** Da ETFs an Börsen gehandelt werden, können Anleger ihre Anteile schnell und einfach kaufen oder verkaufen.

2. **Arten von ETFs**

   - **Index-ETFs:** Diese folgen einem bestimmten Index wie dem S&P 500 und bilden seine Performance nach.

   - **Branchen-ETFs:** Diese konzentrieren sich auf bestimmte Branchen wie Technologie, Gesundheitswesen oder Energie.

   - **Rohstoff-ETFs:** Diese investieren in Rohstoffe wie Gold, Öl oder landwirtschaftliche Produkte.

Kryptowährungen

Kryptowährungen sind digitale oder virtuelle Währungen, die Kryptographie für Sicherheit verwenden und dezentrale Technologien wie Blockchain nutzen. Bitcoin war die erste Kryptowährung und hat den Weg für Tausende anderer digitaler Assets geebnet. Hier sind einige wichtige Aspekte von Kryptowährungen:

1. **Vorteile von Kryptowährungen**

   - **Dezentralisierung:** Kryptowährungen werden dezentralisiert gehandelt und verwaltet, was traditionelle Finanzsysteme umgeht.

- **Potenzielles Wachstum:** Einige Kryptowährungen haben signifikante Wertzuwächse verzeichnet, was sie für Investoren attraktiv macht.

- **Schnelle Transaktionen:** Transaktionen mit Kryptowährungen können schnell und global abgewickelt werden.

2. Risiken von Kryptowährungen

- **Volatilität:** Kryptowährungen sind bekannt für ihre extreme Preisvolatilität, was zu schnellen und großen Kursänderungen führen kann.

- **Regulatorische Unsicherheit:** Die Regulierung von Kryptowährungen variiert weltweit und kann sich auf deren Verwendung und Wert auswirken.

- **Sicherheitsrisiken:** Sicherheitsverletzungen und Hacks können zu Verlusten von Kryptowährungen führen.

Plattformen für Online-Investitionen

Um in Aktien, ETFs oder Kryptowährungen zu investieren, benötigen Anleger Zugang zu Online-Handelsplattformen. Diese Plattformen bieten Tools und Ressourcen für das Research, den Handel und die Verwaltung von Investitionen. Hier sind einige beliebte Plattformen:

1. Aktienhandelsplattformen

- **E*TRADE:** Bietet umfassende Handelstools, Forschung und Bildung für Aktieninvestoren.

- **TD Ameritrade:** Eine Plattform, die umfangreiche Marktforschung und Analysen sowie Handelstools bietet.

2. ETF-Handelsplattformen

- **Vanguard:** Bekannt für seine niedrigen Kosten und eine breite Auswahl an Index-ETFs.

- **Schwab ETF OneSource:** Bietet provisionsfreie ETFs aus verschiedenen Anlageklassen.

3. Krypto-Börsen

- **Coinbase:** Eine der größten und bekanntesten Krypto-Börsen, die den Kauf, Verkauf und die Aufbewahrung von Kryptowährungen ermöglicht.

- **Binance:** Eine globale Krypto-Börse mit einer Vielzahl von Handelspaaren und fortschrittlichen Handelsoptionen.

Anlagestrategien

Beim Investieren in Aktien, ETFs oder Kryptowährungen ist es wichtig, eine klare Anlagestrategie zu haben, die auf Ihren Zielen, Ihrem Risikoprofil und Ihrer Zeithorizont basiert. Hier sind einige häufige Anlagestrategien:

1. Buy and Hold

- **Langfristige Investitionen:** Halten Sie Ihre Positionen über einen längeren Zeitraum, um von langfristigem Wachstum und Dividenden zu profitieren.

2. Diversifikation

- **Streuung des Risikos:** Investieren Sie in verschiedene Anlageklassen und Vermögenswerte, um Ihr Risiko zu minimieren.

3. **Dollar-Cost-Averaging**

- **Regelmäßige Investitionen:** Investieren Sie regelmäßig einen festen Betrag, unabhängig von den aktuellen Marktpreisen, um durchschnittliche Kaufkosten zu erzielen.

Risikomanagement

Beim Online-Investieren ist es entscheidend, Risiken zu managen und Ihre Investitionen aktiv zu überwachen. Dazu gehört das Setzen von Stop-Loss-Orders, die Diversifikation Ihres Portfolios und die regelmäßige Überprüfung Ihrer Anlagestrategie.

Schlussfolgerung

Online-Investitionen bieten Anlegern eine Vielzahl von Möglichkeiten, in Aktien, ETFs und Kryptowährungen zu investieren, um langfristige finanzielle Ziele zu erreichen. Durch die Nutzung von Online-Handelsplattformen und das Verständnis für verschiedene Anlageklassen können Anleger ihr Portfolio diversifizieren und ihre Chancen auf Rendite maximieren. Es ist wichtig, sich über die Risiken und Chancen jeder Anlageklasse zu informieren und eine fundierte Anlagestrategie zu entwickeln, die Ihren individuellen Bedürfnissen entspricht.

Um einen umfassenden Überblick über Crowdfunding und Peer-to-Peer (P2P) Lending zu geben, werden wir die Konzepte, Plattformen und Risiken dieser beiden Formen der Kapitalbeschaffung und -vergabe im Detail betrachten.

Einführung in Crowdfunding und Peer-to-Peer Lending

Crowdfunding und Peer-to-Peer Lending sind alternative Finanzierungsmethoden, die es Einzelpersonen und Unternehmen ermöglichen, Kapital von einer Gruppe von Menschen (Crowd) oder direkt von Privatpersonen (Peers) zu beschaffen oder zu verleihen. Diese Plattformen haben in den letzten Jahren aufgrund ihrer Benutzerfreundlichkeit, Flexibilität und des Zugangs zu breiteren Finanzierungsmöglichkeiten stark an Beliebtheit gewonnen.

Crowdfunding

Crowdfunding bezieht sich auf die Praxis, eine finanzielle Unterstützung für ein Projekt, eine Initiative oder eine Geschäftsidee von einer großen Anzahl von Menschen, typischerweise über eine Online-Plattform, zu sammeln. Es gibt verschiedene Arten von Crowdfunding, einschließlich:

1. Reward-Based Crowdfunding

- **Plattformen:** Zu den bekannten Plattformen gehören Kickstarter und Indiegogo.

- **Funktionsweise:** Unterstützer erhalten oft nicht finanzielle Belohnungen, sondern Produkte oder Erfahrungen im Austausch für ihre Unterstützung.

2. Equity-Based Crowdfunding

- **Plattformen:** Hier sind Plattformen wie Seedrs und Crowdcube vertreten.

- **Funktionsweise:** Investoren erhalten Anteile an einem Unternehmen im Austausch für ihre finanzielle Unterstützung.

3. Donation-Based Crowdfunding

- **Plattformen:** Plattformen wie GoFundMe und Patreon bieten Unterstützung für gemeinnützige Zwecke oder kreative Projekte.

- **Funktionsweise:** Unterstützer geben Geld ohne materielle Gegenleistung, oft für wohltätige Zwecke oder persönliche Unterstützung.

Peer-to-Peer Lending (P2P)

Peer-to-Peer Lending ermöglicht es Einzelpersonen, direkt Geld an andere Einzelpersonen oder kleine Unternehmen zu verleihen, oft über Online-Plattformen, die als Vermittler fungieren. Hier sind die wichtigsten Aspekte von P2P Lending:

1. Plattformen für Peer-to-Peer Lending

- **LendingClub:** Eine der größten P2P-Plattformen in den USA, die Privatkredite vermittelt.
- **Funding Circle:** Bietet P2P-Kredite für kleine Unternehmen in mehreren Ländern.

2. Funktionsweise von Peer-to-Peer Lending

- **Kreditnehmer:** Personen oder Unternehmen, die einen Kredit benötigen, können sich auf P2P-Plattformen registrieren und ihren Kreditbedarf angeben.
- **Investoren:** Privatpersonen können Geld investieren, indem sie in Teile der Kredite (Notes) investieren, die von den Kreditnehmern zurückgezahlt werden.

Plattformen für Crowdfunding und Peer-to-Peer Lending

1. Crowdfunding-Plattformen

- **Kickstarter:** Eine der größten Plattformen für kreative Projekte und Produktfinanzierung durch Crowdfunding.

- **Indiegogo:** Bietet verschiedene Crowdfunding-Modelle für kreative und technologieorientierte Projekte.

- **Seedrs:** Fokus auf Equity-Based Crowdfunding für Start-ups und Wachstumsunternehmen.

2. **Peer-to-Peer Lending-Plattformen**

- **LendingClub:** Bietet eine breite Palette von Kreditoptionen für Privatpersonen mit verschiedenen Risiko-Rendite-Profilen.

- **Funding Circle:** Spezialisiert auf P2P-Kredite für kleine und mittlere Unternehmen (KMU) in mehreren Ländern.

Risiken von Crowdfunding und Peer-to-Peer Lending

Bevor Anleger oder Kreditgeber in Crowdfunding oder Peer-to-Peer Lending investieren, sollten sie sich der potenziellen Risiken bewusst sein:

1. **Kreditrisiko**

- **Ausfallrisiko:** Kreditnehmer können ihre Kredite möglicherweise nicht zurückzahlen, was zu Verlusten für die Investoren führt.

2. **Plattformrisiko**

- **Insolvenz der Plattform:** Wenn die Plattform, über die das Crowdfunding oder P2P Lending abgewickelt wird, insolvent wird, können Investitionen gefährdet sein.

3. Regulatorisches Risiko

- **Regulatorische Änderungen:** Neue Vorschriften oder gesetzliche Änderungen könnten sich auf die Funktionsweise von Crowdfunding- und P2P-Plattformen auswirken.

4. Liquiditätsrisiko

- **Schwierigkeiten beim Verkauf von Investments:** Bei einigen Plattformen kann es schwierig sein, Investments vorzeitig zu verkaufen, was zu Liquiditätsproblemen führen kann.

Chancen von Crowdfunding und Peer-to-Peer Lending

Trotz der Risiken bieten Crowdfunding und P2P Lending auch attraktive Chancen:

1. Zugang zu Kapital

- **Für Start-ups:** Crowdfunding bietet Start-ups einen alternativen Weg, um Kapital zu beschaffen, ohne sich an traditionelle Finanzinstitute wenden zu müssen.

- **Für Investoren:** P2P Lending bietet Investoren die Möglichkeit, in eine diversifizierte Reihe von Krediten zu investieren und potenziell höhere Renditen als traditionelle Anlageformen zu erzielen.

2. Diversifizierung des Portfolios

- **Risikostreuung:** Durch Investitionen in Crowdfunding-Projekte oder P2P-Kredite können Anleger ihr Portfolio diversifizieren und das Gesamtrisiko reduzieren.

Zukunftsaussichten

Crowdfunding und Peer-to-Peer Lending haben das Potenzial, weiter zu wachsen und sich weiterzuentwickeln, da sie für sowohl Kapitalsuchende als auch Anleger attraktive Optionen bieten. Die Entwicklung von Technologien und Plattformen wird wahrscheinlich dazu beitragen, dass diese Finanzierungsmodelle noch zugänglicher und effizienter werden.

Fazit

Crowdfunding und Peer-to-Peer Lending sind zwei bedeutende Innovationen im Bereich der alternativen Finanzierung, die es Einzelpersonen und Unternehmen ermöglichen, auf neue und effiziente Weise Kapital zu beschaffen oder zu investieren. Bevor Sie in Crowdfunding-Projekte oder P2P-Kredite investieren, ist es wichtig, die Risiken zu verstehen und sorgfältig zu prüfen, welche Plattformen und Anlagestrategien am besten zu Ihren finanziellen Zielen und Ihrer Risikotoleranz passen.

www.ingramcontent.com/pod-product-compliance
Lightning Source LLC
Chambersburg PA
CBHW071923210526
45479CB00002B/538